A MONSEIGNEVR
MONSEIGNEVR
DE
LA MEILLERAYE,
GRAND MAISTRE
de l'Artillerie de France.

ONSEIGNEVR,

Il y a si long-temps que ie souhaite auecque passion
de vous donner des marques de mon respect & de mon
obeïssance, que ie ne sçaurois plus m'en defendre. Ie ne
sçay pas si vous approuuerez mon dessein; mais ie sçay

ã ij

EPISTRE.

bien que ie fais ce que ie doibs, & que i'ay d'impor-
tantes raisons qui m'y obligent. Ces nobles & prétieuses
qualitez que la Cour admire en Vous ; cet Esprit tout
de feu que vous auez pour les belles Lettres ; ce courage
inuincible qui semble auoir passé du cœur & du bras de
Monseigneur le Mareschal vostre Pere, dans le vostre,
& qui vous doit dans peu de temps acquerir autant de
Lauriers qu'il luy acquit de Gloire ; cette inclination
naturelle que vous auez pour les Langues Estrangeres ;
ce fauorable accueil que vous faites à tout le monde ;
cet air obligeant dont vous receuez tout ce que l'on vous
presente, & cette haute Charge où vostre propre Vertu
vous éleue ; sont les illustres sujets qui m'ont fait naistre
l'enuie de vous offrir mes tres-humbles seruices, & de
vous dédier en mesme temps cet Ouurage. Si depuis
quelques Années i'ay l'honneur d'estre en quelque sorte
attaché à vostre Maison ; & si Monseigneur le Duc
de Brissac n'a pas quelquefois desagreé les petites pro-
ductions de mon Esprit, non plus que les petits soins
que i'ay pris de luy donner la connoissance d'vne Langue
qui fait les delices de la Cour, & que l'on peut appeller
la plus polie & la plus délicate du Monde ; I'ose
esperer, MONSEIGNEVR, que vous ne me
traitterez pas moins fauorablement, & qu'en regar-
dant de bon œil ce Liure, vous daignerez peut-estre
fauoriser son Autheur de vostre Illustre Protection.
Que ie m'estimeray heureux, si vous m'honorez d'vne
grace si particuliere ! & que ie prendray doresnauant
plaisir de découurir dans les Langues Italiennes &
Espagnoles, ce qu'elles ont de plus pur & de plus délicat,

EPISTRE.

afin de vous l'offrir, & de vous en épargner la recherche!
Cependant, *MONSEIGNEVR*, agréez toû-
jours, ie vous supplie, cet Eschantillon que ie prends la
hardiesse de vous presenter; & quoy que ces Langues
vous soient déja familieres, peut-estre trouuerez-vous
quelque chose dans l'vne de ces quatre Parties qui
composent ce Volume, dont la nouueauté aura le bon-
heur de vous plaire, & de vous diuertir apres vos oc-
cupations serieuses. C'est ce que ie souhaite le plus
passionnément au Monde; & ie seray trop payé de mon
trauail, si apres auoir en quelque sorte contenté vostre
Esprit, vous permettez encore que ie prenne doresna-
uant la qualité glorieuse,

MONSEIGNEVR,

De

Vostre tres-humble, & tres-
obeïssant seruiteur,
IVLLIANI.

ADVIS AV LECTEVR.

LEcteur, si dés l'année passée ie t'ay presenté vne
Grammaire Italienne qui ne t'a pas déplû, ie me per-
suade que tu ne desagréeras pas à present cet Ouurage, que
ie mets au iour, puis qu'il te doit donner la connoissance
d'vne Langue, dont ie t'ay desia clairement enseigné les
Preceptes ; Mais comme toutes les Sciences ont leurs
épines dans leurs commencemens, & qu'elles rebutent
ordinairemét les hommes, si l'on n'y mesle vn peu de roses ;
I'ay iugé à propos de ioindre icy le délectable à l'vtile, afin
qu'en t'instruisant tu trouues dequoy te diuertir en mesme
temps, & que le plaisir de l'vn adoucisse l'ennuy de l'autre.
I'ay dõc diuisé ce Liure en quatre Parties ; La premiere, qui
cõtient vne Nomenclature exacte & necessaire des Noms
propres de toutes choses en Frãçois, en Italien, & en Espa-
gnol, te dõnera des lumieres si grãdes de ces deux dernieres
Langues, que tu pourras te rẽdre en peu de tẽps capable de
les parler ; La secõde est vn Recueil de Prouerbes Italiens
& François, specialement de ceux qui sont le plus en vsage,
& dont on se sert dans les entretiens ordinaires, que tu ne
dois pas ignorer, si tu veux passer pour intelligent parmy
ceux qui en sçauent les beautez & les délicatesses ; La
troisiéme, qui n'est pas moins agreable qu'instructiue, ne
comprend que certains Dialogues des sept Arts liberaux,
dont la nouueauté te surprendra sans doute, puis qu'il est
peu d'Autheurs modernes qui se soient aduisez d'escrire en
ce genre ; Mais ce qui te doit particulierement plaire, ce
sont les Contes facetieux, & les Histoires recreatiues qui

compofent la quatriéme Partie, puis qu'outre le plaifir que
tu receuras en les lifant, ou les recitant dans les bonnes
compagnies, tu te rendras infenfiblement parfait en ces
belles Langues familieres. Apres tout, comme elles font
auiourd'huy les delices de la Cour, & qu'il n'eft guere de
Perfonnes, pour peu qu'elles ayent de commerce auec le
beau monde, qui ne les fçachent ou ne les apprennent;
I'efpere que tu me fçauras bon gré, fi ie contente en cela ta
noble curiofité, & fi ie te découure des fecrets que ne t'ont
iamais encore découuert les plus grands Maiftres. En tout
cas fi tu rencontres par hazard des difficultez qui t'ar-
reftent, & que tu me iuges capable de t'en donner l'éclair-
ciffement, fçache que ie te fuis entierement acquis, &
que ie feray toufiours gloire de te rendre feruice, pourueu
que ton merite me foit connu, & que i'aye auffi quelque
part à ton eftime. Cependant fi tu trouues en quelques
endroits des façons de parler Italiennes & Efpagnoles, qui
ne s'accordent pas fi exactement auec leur verfion Fran-
çoife; fouuiens-toy que i'y ay pourtant apporté tout le
foin qu il m'a efté poffible; & que ce s Langues ayant vn
tour particulier qu'on ne peut pas donner à celle-cy, il eft
malaifé de rencontrer mieux, & d'y donner vne explica-
tion plus fidele. C'eft ce que i'auois à te dire touchant mon
Liure; reçois-le d'auffi bon cœur que ie te le prefente, &
tu m'obligeras quelque iour de mettre fous la Preffe des
Ouurages que ie médite, que tu ne iugeras peut-eftre pas
indignes de ta lecture. Adieu.

Extrait du Priuilege du Roy.

LE Roy par ſes Lettres Patentes données à Paris au
mois d'Aouſt 1658. ſignées GVITONNEAV, a per-
mis à Iean Baptiſte Loyſon, Marchand Libraire à Paris,
d'imprimer, vendre & debiter durant le temps & eſpace de
ſept ans entiers & accomplis, diuers Traittez de la com-
poſition du ſieur Iulliani, intitulez *La Nomenclature*, *les*
Prouerbes, *les Dialogues*, *& les Recreations*, Italiens, Fran-
çois, & Eſpagnols; & cependant defenſes ſont faites à
tous Imprimeurs ou Libraires, d'imprimer, vendre ny di-
ſtribuer leſdits Liures ſans le conſentement de l'Expoſant,
ou de ceux qui auront droict de luy, à peine de cinq cens
liures d'amende, & de tous deſpens, dommages & intereſts,
& confiſcation des Exemplaires contrefaits, ainſi qu'il eſt
plus au long porté par leſdites Lettres.

Acheué d'imprimer pour la premiere fois le 4. Nouembre 1658.

Les Exemplaires ont eſté fournis.

Un Nomenclatóre de' nomi piu commúni, e necessárij.	Un Nomenclature des noms plus communs, & considerables.	Un Nomenclatór de los nombres mas comúnes, y necessários.

I Mesi.	Les Mois.	Los Méses.
Gennáio Genáro	Ianuier	Henéro
Febbráio Febráro	Feurier	Febréro Hebréro
Márzo	Mars	Màrço
Aprìle	Auril	Abrìl
Màggio Maio	May	Máyo
Giùgno	Iuin	Iúnio
Lúglio Giùlio	Iuillet	Iúlio
Agósto	Aouſt	Agósto
Settémbre	Septembre	Setiémbre
Ottóbre	Octobre	Octúbre
Nouémbre	Nouembre	Nouiémbre
Decémbre.	Decembre.	Deziémbre.

Italien.	François.	Espagnol.
Le quattro parti dell' anno.	Les quatre parties de l'année.	Las quatro partes del año.
Inuérno, Vérno	L'Hyuer	Inuierno
Primauéra	Le Printems	Primauéra
Estáte, Státe	L'Esté	Veráno, Estío
Autùnno.	L'Automne.	Otóño.
I giorni della settimána.	Les iours de la semaine.	Los dias de semana.
Doménica	Dimanche	Domíngo
Lúnedi	Lundy	Lúnes
Mártedi	Mardy	Martes
Mércordi	Mercredy	Miércoles
Gióuedi	Ieudy	Iuéues
Vénerdi	Vendredy	Viérnes
Sábbato.	Samedy.	Sàbado.
Anno	Vn' année	Vn año
Mese	Vn mois	Vn mes
Settimána	Vne semaine	Vna semána
Vn giorno	Vn iour	Vn dia
Vn' hora	Vn' heure	Vna hora
Vn quarto d'hora	Vn quart d'heure	Vn quarto de hora
Vn moménto	Vn moment	Vn momento
Mezza hora.	Demie heure.	Media hora.

Italien	François	Espagnol
Certe feste, e parti dell'anno.	*Certaines festes, & parties de l'année.*	Ciertos dias de fiesta, y partes del año.
Pásqua	*Pasque*	Pasqua
l'ottaua di Pasqua	*la Quasimodo*	Domingo de los Apostoles
Pentecóste	*Pentecoste*	Pentecostes.
l'Ascénsa	*l'Ascension*	Ascension
l'Ascensióne		
la festa del Córpus Domini	*la feste Dieu*	la fiesta del Corpus
la festa della Madóna	*la Nostre-Dame*	la fiesta de nuestra Señora
ogni Sánti, tutt'i Santi	*la Toussaints*	la fiesta de todos los Santos
l'Auuénto	*l'Aduent*	el Aduiénto
il capo dell'ànno	*le premier iour de l'an*	la Circuncisión
il primo giorno dell'anno	*la Circoncision*	
l'Epifanía: i tre Rè	*les Rois*	Pascua del Epifanía
la Cerauola	*la Chandeleur*	la fiesta de la Candelaría
la Purificatióne		
il Carneuále	*Caresme prenant*	Carnes toléndas
i tempi Carneualéschi		
Quarésima	*Caresme*	Quarésma
l'Annuntiatióne	*l'Annontiation*	la Anunciación
l'Assuntióne	*l'Assontion*	la Assumpción
la Natiuità	*la Natiuité*	la Nauidàd

Italien.	François.	Espagnol.
la Presentatióne	la Presentation	la Presentación
la Concetióne	la Conception	la Concepción
le Témpora	} les quatre Temps	quatro Témporas
le 4. Témpora		
il digiúno	le jeusne	el ayuno
le velatióni	les temps que l'on ne se marie point	las velaciones
la mésse	la moisson	la cosecha
le vendémme vendémmie	} les vendanges	las vendímias
giorno grásso	iour gras	dia de cárne
giorno mágro	iour maigre	dia de pescádo
giorno di lauóro	iour ouurier	dia de trabájo
il doppo pránso	l'apres disnée	despues de la comída
hóggi	aujourd'huy	oy
dománi	demain	mañána
postdomani	apres demain	despues de manána
hiéri	hier	ayér
l'altro hiéri	auant hier	antes de ayér
la mattína seguénte : il giorno seguénte	} le lendemain	la mañana siguiénte
la mattína	le matin	la mañána
la séra	le soir	la tárde
sul mezzodi	sur le midy	a medio día
la nótte	la nuit	la nóche
allo spuntár del di	le poinct du iour	el amanescér del dia
mezza nótte	la minuit	média nóche
dopppo mezza nótte	apres minuit	despues de média noche
al berlúme	entre le chien & loup	entre dos luzes

Italien.	François.	Espagnol.
Canícola giorni canicolári	la Canicule	dias Caniculáres
calóre	la chaleur	el calór
fréddo	le froid	el frio
far della Lúna	la nouuelle Lune	Luna nuéua
crescénte	le Croissant	el cresciénte
plenilúnio	la pleine Lune	Luna lléna
scemár, ô calár della Luna	le decours de la Lune	el menguante de la Luna
héspero	l'estoille du soir	la estreilla de la tarde
lucífero	l'estoille du matin	luzéro
far festa	chaumer : fester	hazer fiesta
al far della séra	la soirée	la tarde, la prima noche, al anochecèr
Doménica delle Palme	Pasques fleuries	Domíngo de Rámos
la settimána Santa	la semaine sainte	la semána Santa
l'alba del giórno	l'aube du iour	el alua
il calore di mezzo di	la chaleur de midy	la siesta
la fiéra	la foire	féria
la stagióne	la saison	la sazon
il leuár del Sole	le Soleil leuant	al salír del Sol
al tramontár del Sole	le Soleil couchant	al ponér dèl Sol
vigília.	veille.	vigília.

Italien.	François.	Espagnol.
Certe membra del corpo humáno.	Certains membres du corps humain.	Ciertos miembros del cuerpo humano.
Il corpo	Le corps	El cuérpo
la teſta: capo	la teſte	la caueça
il cocúzzolo	le ſommet	la coronílla
il cránio	le crane	la calauéra
il ceruéllo	la ceruelle	el sèſſo: celébro
i capégli	les cheueux	los cabéllos
la núca	la nucque	la nuca
le tèmpie	les temples	las ſiénes
la fronte	le front	la frente
le ciglia	les ſourciis	las céjas
la chióma	la cheuelure	la cabelléra
la zàzzera	la perruque	cabellos poſtízos
il berro: berríno	la mouſtache des cheueux	guedejo
gli ócchi	les yeux	los ojos
le pàlpebre	les paupieres	los parpádos
la pupílla dell' occhio	les prunelles	la níña del ojo
gli orecchi: le orecchie	les oreilles	las oréjas
il naſo	le nez	la narìz
i búcchi del naſo	les narrines	las ventánas de la narìz
naſo ſchiacciáto	nez camus	narìz róma
il tenerúme del naſo	le tendron du nez	la ternílla de la narìz

Italien	François	Espagnol
la fáccia	} le visage	el róstro
il vólto		la cara
il viso		haz
le lentíggini del viso	les lentilles du visage	las pecas del rostro
il porro	la verruë	la verrúga
viso buccheráto	visage picoté de verolle	cara oyósa
la gota : guáncia	la iouë	el caríllo : la mexilla
la bocca	la bouche	la boca
la bocca indéntro	la bouche enfoncée	boqui sumído
le lábbra	les leures	los lábios
le gengíue	les genciues	las enzías
i denti	les dents	los dientes
le mascélle	les maschoires	las quixádas
le zanne	les defences	los colmíllos
dolor di denti	douleur de dents	dolòr de muélas
vn cauadénti	vn arracheur de dents	vn sacamuélas
il giallúme de' denti	l'ordure des dents	la tóua de los dientes
la lingua	la langue	la lengua
il paláto	le pallais	el paladàr
lo scilingnágnolo	le filet	el freníllo
la strózza	le gosier	el gaznáte
i mascelári	dents maschelieres	las muélas
la gola	la gorge	la gargànta
il collo	le col	el cuéllo
l'úgola	la luette	gallíllo : gulilla
il ménto	le menton	la barua
la basétta	les moustaches de la barbe	el bigóte
la lanúgine	le poil folet	el bóço

Italien.	François.	Espagnol.
il pizzo della barba	le bouquet de la barbe	el clauo de la barba
gli hòmeri	les espaules	las espaldas: los hombros
il filo della schiena	l'espine du dos	el espináto
le reni	les reins	los lomos
il groppóne	le croupion	rabadílla
il petto	la poictrine	el pecho
lo stómaco	l'estomach	el estòmago
il cappézzolo delle poppe	le bout des tetons	el peçon de las tetas
le zizze: pope	les tetons	las tetas
il ventre	le ventre	el viéntre
il bellíco: l'vmbilico	le nombril	el ombligo
il peli d'attorno*	le poil à l'entour de*	el pendéjo*
il cuore	le cœur	el coraçon
il fégato	le foye	el hígado
i polmóni	le poulmon	los bofes:liuianos
la mílza	la rate	el baço
il fiéle	le fiel	la hièl
le vìscere	les entrailles: intestins	las entrañas
la coratélla: corata	la fressure	la assadúra
la vesíca	la vesie	bexica
le budélla	les boyaux	las trípas
il sangue	le sang	la sángre
le ossa	les os	los huéssos
le vène	les veines	las vénas
le artérie	les arterres	las artérias
i nerui	les nerfs	los néruios
le braccia	les bras	los braços

le ditélla

Italien	François	Espagnol
le ditélla	les aiſſelles	los ſobàcos
i peſci delle braccia	le gros des bras	los morcíllos de los braços
il gómbito	le coude	el códo
l'oſſo del bràccio	l'os du bras	la canilla del braço
la garamélla	le poignet	la muñéca
la mano	la main	la mano
la mano dritta	la main droite	la man derécha
la mano, mànca, zànca, ſiniſtra	la main gauche	la mano iſquiérda
le dita	les doigts	los dédos
le congiontúre	les jointures	las juntúras
le únghie	les ongles	las úñas
il pólice	le poulce	el dedo pulgár
il dito ìndice	le doigt qu'on montre	dedo índice
il dito mezzáno	le doigt du milieu	el dedo mediano
il dito annuláre	le doigt du cœur	dedo anulár
il dito mígnolo	le petit doigt	el dedo meñique
i fiánchi	les flancs	las cadèras
le chiàppe	les feſſes	las nalgas
il culo	le cul	el culo : rabo
il buco del culo	le trou du cul	el ojo del rabo
le moríci	les hemorroïdes	las almorránas
i reſtícoli	les teſticules	los corónes
il cazzo	le vit	el caráio
la fica : potta : frigna	le con	el coño : pápo
le cóſcie : coſce	les cuiſſes	los múſlos
le ginócchia	les genoüils	las rodìllas
le gámbe	les jambes	las piérnas
le polpe delle gambe	le gros des jambes	las pantorríllas

Italien	François	Espagnol
i piedi	*les pieds*	los pies
le noci de' piedi	*la cheuille du pied*	los touillos
le calcagna	*les talons*	los carcañales: talónes
il collo de' piedi	*le deſſus du pied*	el empene del piè
i calli	*les cors des pieds*	los callos
i pedignóni	*enfleure du froid aux mains & aux pieds*	los ſauañónes
vna bolla	*vne cloche*	vna ampólla
vna bróggia	*vne puſtule*	búba : bojas
la ciſpa	*la chaſsie*	la cáſpa : mugre
il marchéſe	*les mois de femme*	ménſtruo
vn slóffa	*vne veſſe*	vn zullón
vna chrréggia	*vn pet*	vn pédo
il parto	*l'accouchement*	el parto
la ſconciatúra	*l'auortement*	aborto: mal parto
le doglie del parto	*le trauail d'enfant*	dolór de parto
la virginità	*le pucelage*	la virginidád
sfrégio	*balaffre*	cuchilláda
capegli bióndi	*cheueux blonds*	cauéllos rubios
capegli negri	*cheueux noirs*	cauellos negros
capegli roſſi	*cheueux roux*	cauellos roxos
capegli rizzi	*cheueux friſez*	cauellos riços : encreſpados
capegli annelláti.	*cheueux bouclez*	cauellos enſortijádos.

Veſtimenti d'huomo.	Habits d'homme.	Veſtidos por hombres
Capéllo	Chapeau	Sombréro
la forma del capello	la forme du chapeau	la copa del sombréro
la téſa : falda del capello	le bord du chapeau	la halda del sombrero
la fódra del capello	la coiffe du chapeau	la toca del sombrero
il pennácchio : la pennacchiéra del capello	les plumes du chapeau	el penácho del sombrero
il cordone del capello	le cordon du chapeau	el cordón del sombrero
il feraiuolo : mantello	le manteau	herreruélo : ferreruélo
la fodra del mantéllo	la doubleure du manteau	el afórro del herreruélo
il giubbóne	le pourpoint	el jubòn
le mánicche	les manches	las mángas
le falde	les baſques	tiros de jubon : faldétes
gli occhiélli	les œillets	los ojetes
i bottóni	les boutons	los botónes
le bottoniére	les boutonnieres	los ojáles
vncíno	agraffe	corchéte macho
magliétta	agraffe	corchéte hembra
calzóni	haut de chauſſes	calçónes : calças
calzoni trinciáti	haut de chauſſes balaffrées	calçones acuchillados

Italien	François	Espagnol
naſtro : fetúcia	rubans	liſtónes
ſtrínga	eſguillette	agugéta
ſaccócia : taſca : ſcarſélla	poche : pochettes	faltriquéra : fal-driquéra
borſotto : borsíno	bourſon : gouſſet	bolsílla
borſa	bourſe	bólſa
mutánde	calleçons	greguéſcos
legáccie : cintol-líne	jartieres	atapiérnas : ligas : cenogiles
calzétte : calze	des bas	médias
calzette à ſtaffa	des bas à eſtrier	médias calças
calze à gúcchia	des bas eſtame	médias de punto
ſcárpe	des ſouliers	çapátos
pianélle	des pantoufles	pantúflos
ſtiuáli	des bottes .	bótas
ginocchiéra di ſtiuali	genoüillere	inojéra
naſtri delle ſcarpe	nœuds de ſouliers	cintas de çapatos
ſpróni : ſpiróni	des eſperons	eſpuélas
robbe : arnéſi	des hardes	rópas
ſcarpíni	des chauſſons	eſcarpìnes
ſottocálze	des chauſſettes	calcíllas
bolzachíni : co-túrni	des brodequins	borzéquies
berétta : biretta	bonnet	gorra : birrete
berettína	calotte	bonetíllo
guanti	des gands	guantes
fáſcia	eſcharpe	vanda
caſácca	hongreline	bohémio
péttine	peigne	péyne
sètola	broſſe	ſedadéra
ſcopetta : ſpazzola	vergettes	limpiadéra
tagliuzzato : moſ-cato	moucheté	veteádo

Italien.	*François.*	*Espagnol.* 13
nodo corrente	nœud coulant	ñudo corredízo
bullette : sole	semelle	suela
ricámo di scarpe	brodure de souliers	vira de çapato
bello e nuouo	tout fin neuf	flameante
collare inamidáto	rabat empesé	cuello almido-nádo
collare	rabat	cuello : valona
camíscia	chemise	camisas
ghiande	des glands	bellótas
camiscióla	camisole	almìlla
manicchíni	manchettes	puños
fazzoletti	des mouchoirs	pañiçuelos de na-rizes
gamba di stiuále	tige des bottes	gamba de botas
rotella di sproni	molette des esperons	rueda de espuéla
fibbie di sproni	boucles d'esperons	heuilla de espue-las
sproni à trafóro.	des esperons percez à iour.	espuelas agujerá-das : barrenadas

---

Hábiti di donne.	Des habits de femme.	Vestidos para mugeres.
Spillo : spillétto	Espingle	Alfilér
ditále	dé à coudre	dedál
àgo	aiguille	aglìja
guancialino : aco-raiuolo	peloton	hazeríllo
gomítolo	peloton de fil	ouíllo
sapone	sauon	xabón
cola	empois	almidôn
matassa	escheueau	madéja

Italien	François	Espagnol
gorgiéra	gorgerette	gorguéra
orecchíni : pen- denti	pendants d'oreilles	arracádas
smaniglie	bracelets	maníllas
filze di perle	rang de perles	sartál de perlas
gammurríno	cotillon	vasquína
benda	bandeau	apretadór
velo da cuoprir il viso	voile pour couurir le visage	rebozo
busto	corps de cotte	corpiño
sparagrembo	deuantier	mandíl : delantal
pianélle spagnole	patins	chapínes
ghirlanda	guirlande	guirnalda
caténa	chaisne	cadéna
cuffia da dormire	couure-chef	tóca
mantellína	peignoir	mantelína
moníle	collier	gargantílla
annéllo	bague	sortíja
sotána	juppe de dessous	mantéo : faldellín
scàttola : cassétta	boiste	cáxa
manicótto	manchon	regalíllo
suentáglio	esuentail	auaníllo
líscio	fard	aféyte
mìnio : cinábro	vermillon	bermellón
tréccie	tresses	trénças
pomata	pommade	mantéca
spécchío	miroir	espejo
fòrbici	ciseaux	rixéras
bàmbola	glace de miroir	luna de espéjo
coscíno	carreau	coxinéte
stucciétto	estuy	estúche
conócchia	quenoüille	ruéca
pèttine d'auório	peigne d'yuoire	peyne de marfil
fuso	fuseau	huso

Italien	François	Espagnol
naspo	deuidoir	aspa
filo	fil	filo
scuffiétta	beguin	toca de niño
rámìna	platine	chapa de còbre
bucáta	lessiue	bugáda : coláda
tináccio : tino	cuuier	cubíllo
iscapigliáta	descoiffée	destocáda
arruffàta	escheuelée	descabelláda
sfibiáto	desboutonné	desabrochádo
spogliáto.	deshabillé.	desnudádo.

De' gradi parenteschi	Degrez des parens.	Grados de parentesco.
Padre, madre	Pere, mere	Pàdre, màdre
figliuólo, figliuóla	fils, fille	híjo, híja
suócero, suócera	beau-pere, belle-mere	suégro, suégra
il gènero	le gendre	el yèrno
la nuóra	la bru	nuéra
cugnáto, cugnáta	beau-frere, belle-sœur	cuñádo, cuñáda
padrígno, matrígna	beau-pere, belle-mere	padrástro, madrástra
figliástro, figliástra	beau-fils	alnádo, alnáda
fratéllo, sorélla	frere, sœur	hermáno, hermána
zìo, zìa	oncle, tante	tìo, tìa
cugíno, cugína	cousin, cousine	primo, prima
fratel cugíno	cousin germain	primo hermáno
figlióccio, figlióccia	filleul, filleule	hijádo, hijáda

Italien.	François.	Espagnol.
il nipóte, la ni-póte	le neueu, la niece	nièto, nièta: sobrino, sobrina
il nipotíno, la ni-potína	petit fils, petite fille	bisniéto, bisniéta
maríto, moglie	mary, femme	marído, mugér
i gemêlli	les gemeaux	mellíços
l'affíne	l'allié	aiiádo
la bàglia	la nourrice	ama de leche
il báglio	le pere nourricier	amo que cría
vn alliêuo	vn nourriçon	niño que se cría
figliáno, figliána	le fils de laict, la fille de laict	hijo, híja de leche: mamanton, mamantona
figlio addotiuo	fils adoptif	hìjo adoptiuo
il tutòre	le tuteur	curadór, tutór
pupíllo, pupílla	pupille	pupílo, pupíla
vn heréde	vn heritier	heredéro
compáre, comáre	compere, commere	compádre, comádre
sàntolo, sàntola	parrain, marraine	padríno, madrína
parentádo	vn' alliance	parentádo, parentéla
donna di pàrto	vn' accouchée	la parída
vn matrimónio	vn mariage	casamiénto
vno sponsalítio	fiançailles	desposórios
nònno, àuo	pere grand	abuélo, aguélo
nònna, àua	grand mere	abnéla, aguéla
bisnónno, bisáuo	le pere du grand pere	bisabuéla, visaguéla
bisnónna, bisáua	la mere de la grand mere	bisabuélo, visaguélo
la noua sposa nouêla donna }	} la nouuelle mariée	la recien casada

quella

Italien	François	Espagnol
quella c'ha dato la fede : la mano al suo sposo,	*la fiancée*	desposáda

On ne le sçauroit exprimer autrement en Italien, veu que les ceremonies sont diferentes d'vn païs à l'autre.

Italien	François	Espagnol
dir (publicár) in chiesa.	*ietter les bans.*	publicar matrimonios.

Della Casa, colle sue massarítie.	*De la Maison, auec ses meubles.*	La Casa, con su atáuio.
La carózza	*le carrosse*	La carróça
il còcchio	*le coche*	el còche
il ciélo	*l'imperial*	el ciélo de còche
i cauálli	*les cheuaux*	los cauállos
il padiglióne	*le pauillon*	el pauellón
il parafuóco	*escran*	guardafuégo : respálda
la strétta del letto	*la ruelle du lit*	calilla de la cama
vn materázzo	*vn matelas*	vn colchón
le lenzuóla	*les draps*	las sáuanas
le cortíne	*les rideaux*	las cortínas
la bandinélla	*la bonne grace*	corredór de càma
il letto	*le lit*	la càma
la lettiéra	*le chalit*	armaçon de cama
il capezzále	*le cheuet*	almoháda
il guanciále	*l'oreiller*	el cabeçál
il coscíno	*le coussin*	el coxín : almohadílla
la copêrta	*la couuerture*	la cubiérta:
la sèdie	*les chaises*	las sìllas

Italien	François	Espagnol
il fedióne	*le fauteüil*	filla reál : cadréga
la fpalliéra	*le doſſier*	refpálda : cadéra
fedie à fòrbici	*ſieges plians*	fedia dobla
vno fcabéllo	*vn eſcabeau*	vn vanguíllo
vno fcannétto	*vn tabouret*	vn banquíllo
vna credénza	*vn buffet*	efcáncia : buféte
vn' armário	*vne armoire*	vn almário
vn tapête	*vn tapis*	alhómbra
vna piáſtra	*vne placque*	hojachápa : hor-migón de parád
vn forziére	*vn coffre*	vn còfre : àrca
appicca cáppe	*porte-manteau*	alcayta
vno fcaldalétto	*vne baſsinoire*	efcalentadór de cama
i capi fuóchi	*les chenets*	moríllos
i zampíni	*les chevrettes*	morillos pequé-ños
la pálla	*la pelle*	la pala
le molétte	*les pincettes*	las tenazuélas
vn' orinále	*vn pot de chambre*	el orinál
l'apparécchio di tauola	*le couuert*	el aſſiénto : apa-rejo de mefa
l'argentería	*la vaiſſelle d'argent*	vaxílla de plata
la maiólica	*la fayance*	la loça
vn tóndo	*vne aſsiette*	vn platíllo
vn piátto	*vn plat*	vn pláto
vna fcodella	*vne eſcuelle*	vna efcudílla
vn cucchiáro	*vne cuilliere*	vna cuchára
vna forcína	*vne fourchette*	vn tenédor
vn coltéllo	*vn couteau*	vn cuchíllo
vna guaína	*vne guaine*	vna bayna
vn curadénri : ſtecco	*vn curedent*	vn efcaruadiéntes
vn torciéro	*vn flambeau*	vna hácha

Italien.	François.	Espagnol. 19
vn candelliére	vn chandelier	vn candélero
vna candella	vne chandelle	vna vela
vn lucígnolo	vne meche	vn pabílo
vno fmoccolatóio	des mouchettes	defpauiladéra
vn mefcilóbba	vne aiguiere	vn aguamaníl
vn bacile: bacino	vn baſsin	fuente de agua-mános
vn faleríno	vne faliere	vn faléro
vn fiafco	vne boutcille	vn flafco: vna bo-tija
		copa de vidrío
vn bicchíere	vn verre	vna taça
vna tazza	vne taſſe	vna cantiplóra
vn rinfrefcatóio	vn rafraifchoir	vnos mantéles
vn mantile	vne nappe	vna feruilléta
vn touagliuólo	vne feruiette	vna toálla de ma-nos
vno fciugamáno	vn eſſuymain	
vn' acetáio	vn vinaigrier	vna vinagréra
vn zuccaríno	vn fuccrier	vaſſo de açucár
vna pepaíuola	vn poivrier	vn falpimentéro
vn ceftóne	vne corbeille	vna canáfta
le cucináglie	batterie de cuifine	herramiéntos de cozina
la caldáia	vne chaudiere	vna caldéra
vn calderóne	vn chauderon	vn caldéro
vn cóppo	vn coquemar	vna acétra
vna brócca	vne cruche	vna alcaráza
fcaldauiuánde	vn rechaut	vn braferíllo
vn trepíede	vn trepied	vn tréuedes
vna padélla	vne poifle	vn fartén
vn padellíno	vn poiflon	caçuéla: puchéro
vno fpíedo	vne broche	vn aſſadór
volta fpiedo	tourne-broche	boltea aſſadór
la pignáta	le pot	la olla

Italien	François	Espagnol
la pèntola	la marmitte	la olla de cóbre
il copérchio	le couuercle	el tapadéro
il mànico	l'anſe	la aſa
vn rampíno	le croc	el gráfio
vna mèſtola	vne eſcumoire	vna eſpumadéra
vna tortiéra	vne tourtiere	vna tortéra
vn mortáio	vn mortier	vn almiréz
vn peſtéllo	vn pilon	vna mano de al-
		miréz
vna giárla	vn pot à huîle	vna azeitéra
vna sècchia	vn ſeau	vna sècha
vn mantíce	vn ſoufflet	vn barquíño:
		fuelle
vna ſcópa	vn balay	vn barredéro
vno ſtráccio	vn torchon	vn trápo
vn focíle	vn fuſil	eſlabón de fuego
cèncio	meche à fuſil	mècha
zolfanéllo	alumette	pajuélas
vna tráppola	vne ſouriciere	vna ratonéra
vna lanterna	vne lanterne	vna lintérna
lanterna ciecca	lanterne ſourde	lanterna ciega
il fuocoláre	le foüyer	el hogar
le lègna	le bois	leña, madéra
vna faſcína	vn fagot	vna hazína: fa-
		xína
vn faſtéllo	vn cotret	hace de leña
vn tizzóne	vn tiſon	vn tizon
vna brággia	vne braiſe	vna braſa
il carbóne	le charbon	el carbon
il & la cenere	la cendre	la ceníza
la fulígine	la ſuye	hollin
la vàmpa	du feu clair	llamaráda
la fiamma	la flamme	la llama
vna ſcintilla	vne eſtincelle	vna centélla

Italien	François	Espagnol
il fumo	la fumée	el humo
le scopázze	les balayeures	las vassuras
vna botta	vn tonneau	vn tonél : pipa
vn baríle	vn baril	vn pipóte
vn turacciólo	vn bondon	vn tapón, atapa- dor
la fèccia	la lie	la hez
il cèsso	l'aisement	la latrína
stanza : albergo	la demeure	el alojamiento
l'appartaménto	l'appartement	el apartamiento
l'àndito	l'allée	el passadizo
il cortíle	la court	el pátio
la corte dietro alla casa	la basse court	el corrál, curtijo
la sala	la salle	la sala
vna stúffa	vne espoile	vna estufa
cámera à terréno	chambre basse	sala abaxo
vna caméra: stãza	vne chambre	vn aposento
vn camerino	vn bouge	vn retréte
vn camerino	alcoue	alcóba : alcóua
càmera à tetto:	chambre lambrissée	camera entabláda
studíolo	estude	estudio
mattonáta	carrelée	ladrillada
vn soppálco	suspente	sopálco
il soffitto : il gra- naio	le grenier	el granéro, panéro
la càneua : can- tína	la caue	cueua, bouéda, sotáno
la cucína	la cuisine	cozina
la saluaróbba	la despense	guarda mangél
il forno	le four	el horno
vn trauicello	vne soliue	víga
il corrente	le soliueau	el vigón
il piano	le plancher	el tablado

Italien.	François.	Espagnol.
lo ſpiraglio	le ſoupirail	reſpiradéro
vn tramézzo	vne cloiſon	eſtacáda
fummaíuolo	tuyau de cheminée	huméro
il napo del ca-míno	manteau de chemi-née	mantéo
il tetto	vn degré	tejado : techo
vno ſcalíno	la montée	vn caracòl
la ſcala	eſcurie	la eſcaléra
la ſtálla	le toiſt	eſtáblo
mattóne	brique	ladríllo
tráue	poutre	viga mayór
canti : cantonáte	coin en dehors	eſquína
piána	croiſée	cruzéro de ven-tána
vn' impanáta	chaſſis de papier	empapelado
vn teláro	chaſſis de toile	encerádo
vna gráta	grille	red, reias
finéſtra	feneſtre	ventána
balcóne : pogíuolo	balcon	balcón : miradór
vetri di feneſtra	les vitres	vidriéra
balúſtri	baluſtres	varándas
tègole	thuiles	texas
luminále	lucarnes	reſpiradéro
terrapiéno : ter-razzo	terraſſe	terrádo, açotea
camíno	cheminée	chiminéa
ſpránga	barre derriere la porte	tranca de puerta
sòglia	ſeuil	lumbrál
pòrta	porte	puérta
ganghero	gond	quício
ferratúra	ſerrure	cerraia
campanétto : bat-titóio	marteau de la porte	aldáua

Italien	François	Espagnol
catenáccio	veroüil	cerró,o
chiaue	clef	llaue
pòzzo	puits	poço
fune : corda	corde	ſoga
vncíno di pozzo	main	ganço
vna locánda	eſcriteau	rètulo
cartéllo	affiche	cartél
pigióne : fito	loüage de la maiſon	alquilér
mattone : pia- ñella	carreau de planche	ladríllo
càmera	chambre	apoſénto
anticámera	antichambre	antecámera
retro cámera	arriere chambre	requádra
gorna : grondáia	gouttiere	gotéra
giardíno	jardin	jardin
carrúcola	poulie	poléa, garrúcha
mobili : maſſaritie	ameublement	alhajas de caſa
ſpazzola	decroitter	alimpiadéra
vna gráta	vne grille	rejas : red
le múra	les murailles	las parédes
cancéllo diChieſa	beaurreau d'Egliſe	vanguíllos de Ygléſia
l'inſégna	l'enſeigne	el pendón
palázzo	Palais	palácio
palazo del Rè	Palais du Roy	alcaçár del Rey
pàſcolo	paſturage	paſto
ſtábio	parc de brebis	priſco
colombáio	columbier	palomár
màndra.	bergerie	coral.

De Gliucceli.	Des Oyseaux.	De las Auez.
Vſſignólo : Roſ-ſignol	Roſſignol	Ruyſeñór
Verzellíno	Serin commun	Sirguerîto
Lùgaro	Tarin	Petiuérde
Pettiróſſo	Gorge-rouge	Petiróxo
	Rouſſerolle	
Feníce	Phenix	Fèniz
Airóne	Heron	Gàrça
Francolíno	Pinſſon	Pinchón
Pipiſtréllo	Chauue-ſouris	Murcielâgo : Murciegâlo
Cigno	Cygne	Cizne
Beccafíco	Becquefigue	Comehîgos
vno Strùzzo	Autruche	Aueſtrùz
Ròndine	Arondelle	Golondrîna
Acquila	Aigle	Aguila
Lòdóla	Allouette	Alóndra
Capinéra	Fouette	Cabizbrúna
Calandríno	Alloüette de pré	Coguiâda
Lòdola capellâta	Alloüette huppée	Cupâda
Beccâcia	Beccaſſe	Gallina ciéga
Beccacîna	Beccacines	Gallinéta ciega
Quâglia	Caille	Codornìz
Quagliótto	Cailleteau	Codornìz pequeña
Coditrémola	Branſle-queuë	Pezpîta
Smerîglio	Eſmerillon	Eſmerejón
Griffóne	Griffon	Griffón
Tòrdo	Griue	çorçàl
		Grúe

Italien	François	Espagnol
Grúe	Grüe	Grúlla
Stornéllo	Sanfonnet	Eftórnino
Tortorélla	Tourterelle	Tòrtola
Auoltóio	Vaultour	Búytre
Cardellíno	Chardonneret	Silguéro
Verdázzo	Breant	Verdón
Canário	Serin de Canarie	Canârio
Pauóne	Paon	Pauo real
Pauoncéllo	Vanneau	Chirlíto
branco d'Vccélli	Volée d'oyfeaux	Tropel de aues
Sparuiére	Efperuier	Gauilán
Falcóne	Faulcon	Halcón
Trombóne	Butor	Alcarauán
Colómbo tor-quáto	Bifet	Palómo cardéno
Piccione di fotto banca	Pigeon de volliere	Palóma çoríta
Colombo torri-giáno	Pigeon de campa-gne	Palóma
Colombo fauaro	Ramier	Torcáza
Froáfcipe	Roitelet	Reyeçuélo
Piccióne	Pigeon	Palóma
Gàzza	Pie	Picaça
Smérgo	Plongeon	Cercéta
Piuiéro	Pluuier	Chorlíto
Polláftro	Poulet	Póllo
Faganéllo	Linotte	Pardíllo
Rondóne	Martinet	Abión
Apiáftra : paríf-ciola	Mefange	Cid pàxaro
Vccello griffáno	Oyfeau de proye	Aue de rapiña
Oca	Oye	Ganfo
Pellicáno	Pellican	Pelicàno
Pennípede	Pattu	Calçàdo

Italien.	François.	Espagnol.
Vccello pescatóre	Pescheur	Alcion
Pernice	Perdrix	Perdiz
Pernigótto	Perdreau	Perdigòn
Papagállo	Perroquet	Papagáyo
Faggiáno	Faisant	Faysán
Faggianótto	Faisandeau	Faysán pequeño
Pàpero	Oyson	Ansaríllo
Ortolano	Ortolan	Hortolán
Alóco	Hibou	Buho
Nìbbio	Milan	Milano
Cigógna	Cigoigne	Cigueña
Anetra	Cane	Anade
Coruo	Corbeau	Cueruo
Cappóne	Chapon	Gallo capado
Capellúgola	Cochenis	Cupada
Gà lo	Coq.	Gallo
Gallína	Poule.	Gallina
Gallinacio	Coq d'Inde	Pauo
Cresta	Creste	Cresta
Cùculo	Coucou	Cuclillo
Cornácchia	Corneille	Grá a
Cornacchiótto	Cornillat	Cueruo pequeño
Ciuétta	Choüette	Mochuélo
Astórre	Austour	Bahári
Vccelláme	Gibier	Volatería
Pollàme.	Volaille.	Volatíl.

Gli Vfficiali di Cafa.	Les Officiers de la Maifon.	Los Officiales de Cafa.
Spenditóre	*Argentier*	Defpenféro
Paggio	*Page*	Pàge
Porta mantéllo	*Porte-manteau.*	Porta-mantéo
Caudatirio	*Porteur de queuë*	Traedor de cola
Maggior dómo	*Maiftre d'hoftel*	Mayór domo
Staffiére	*Valet de pied*	Moço de efpué-las
Carrozziére	*Cocher*	Cochéro
Aiutante del car-rozziere	*Poftillon de carroffe*	Ayudante de cochéro
Cuoco	*Cuifinier*	Cozinéro
Sotto cuoco	*Garçon de cuifine*	Moço de cozína
Guáttero	*Marmiton*	Fregón
Scalco	*Efcuyer de falle*	Maeftre fala
Cerimoniére	*Maiftre des ceremo-nies*	Maeftre de ceri-mónias
Camariére	*Valet de chambre*	Camaréro
Caneuaro	*Sommelier de la caue*	Bodeguéro
Caftelláno	*Concierge*	Caféro
Gaftaldo	*Fermier*	Cenféro
Lacaio	*Lacquais*	Lacáyo
Portináio	*Portier*	Portéro
Trinciánte	*Efcuyer trenchant*	Trinchante
Coppiére	*Efchanfon*	Copéro
Spenditore	*Argentier*	Defpenféro
Riceuitore	*Receueur*	Recepteur
Porta-fédie	*Porte-chaire*	Porta-fillas

Italien.	François.	Espagnol.
Corſóre	Huiſsier, Sergent	Alguazíl
Portináro	Huiſsier	Portéro
Il guardaróbba	Valet de garderobe	Repoſtéro
Cacciatóre	Véneur	Caçadéro
Palafreniére	Palefrenier	Eſtableríço
Ragázzo	Garçon	Moço
Seruo : ſeruitore	Valet	Criádo
Maſſára: fantéſca: ancélla	Seruante	Criáda
Hortoláno: giardiniero	Iardinier	Iardinéro
Dama ſequace delle principali	Dame d'honneur	Duéña
Donzélla	Damoiſelle	Donzélla
Sèguito	Train	Seguída
Cuóca	Cuiſiniere	Cozinéra
Dariaro	Receueur de Tailles	Datiáro
Calca.	Preſſe.	Lagár : apriéto.

Dignità ſpirituale.	Dignité ſpirituelle.	Dignidad eſpiritual.
Papa: Pontéfice	Pape	Papa
Cardinále	Cardinal	Cardinal
Patriárca	Patriarche	Patriarca
Arciuéſcouo	Archeueſque	Arçobiſpo
Vèſcouo	Eueſque	Obiſpo
Piouáno	Curé	Cùra
Abbáte	Abbé	Abàd
Guardiáno	Gardien de Conuent	Prefecto
Rettóre	Recteur	Rectòr
Prióre	Prieur	Priòr

Italien	François	Espagnol
Mònaco	Moine	Fráyle
Prete	Prestre	Sacerdóte
Diácono	Diacre	Diácono
Arcidiácono	Archidiacre	Arcediácono
Vicário	Vicaire	Vicário
Gran Vicário	Grand Vicaire	Gran Vicário
Preláto	Prelat	Preládo
Legáto	Legat	Legádo
Vice-Legáto	Vice-Legat	Vi-Legádo
Nùntio	Nonce	Nùncio
Decáno	Doyen	Deán
Suffragánio	Suffragant	Suffragáneo
Chiéricho	Clerc	Clérigo
Canónico	Chanoine	Canónigo
Maftro di Capella	Maistre de Musique	Maéstro de Mùsica
Zàgo	Enfant de cœur	Monazíllo
Sacriftáno	Sacristain	Sagreftán
Capelláno	Chappelain	Capellán
Pieuale	Paroissien	Feligréz
Beccamórto	Fossoyeur	Ahoyadór
Caccia furfanti: Cani	Chasse-chien	Açota-pérros
Capucíno	Capucin	Capuchíno
Frate di S. Fran. cefco	Cordelier	Fráyle Francifco
Auguftiniáno: Auguftino	Augustin	Agoftíno
Religiofo	Religieux	Religiófo
Frate del Càrmine: Carmilitáno	Carmes defchauffez	Frayles defcalçádos
Zoccolánte	Recolet	Recoléto
* * * *	Iefuite	Teatíno

Italien.	François.	Espagnol.
Dominicáno	Iacobin	Frayle de S. Domíngo
Fratre Mìnimo	Minime	Frayle Mìnimo
Mònaca	Sœur	Mònja
Le Conuertíte	Filles penitentes	Arrepentídas
Portináia di Mo- naſtéro	Tourriere	Tornéra
Cléro : Chieri- cáto	Clergé	Clerezía
Orfanélli.	Enfant trouué.	Niño de la piedra

Parécchie ſor- ti di cibi.	Pluſieurs ſortes de viandes.	Múchas ſuér- tes de comídas
Brodo di biſélli	De la purée	Caldo de gara- uánços
ſopa in vino	Pain ſaulcé	pan vntádo
pottágio alla Franceſe	vne biſque	olla podrída
manicarétto	hachis	picadillo
brodo	bouillon	caldo
zùppa	ſouppe	sòpas
minéſtra	potage	caldo
ſguazzétto	haricot	pepitória con ce- bollas
dietro-paſto	entre mets	ante-paſto
vna portata	vn ſeruice	vn plato
collatione la mat- tina	déjeuner	almuerço
collatione la ſera	colation	refreſco deſpues de cena
pranſare: deſinare	diſner	ayantar

Italien.	François.	Espagnol.
merenda	le gouſter	merienda
la cena	le ſoupper	la cena
vn paſto	vn repas	vn paſto
vn banchetto	vn feſtin	combite
carne ſtuffata	chair à l'eſtuuée	carne ahogada
vna peuerata	vne ciuée	ſabór con cebollas
vn intingolo di pepe	vne poiurade	pebrada
fette di carne con aceto	vinaigrette	vinagreta
vna paſticiata	paſté en pot	paſtel en bote
troncoli	la petite oye	groſſuras
polpette	andouillettes	albondígas
vn paſticcio	vn paſté	paſtel
paſticetti	des petits paſtez	paſteles
caſtrato	mouton	carnéro
manzo : vaccina	du bœuf	carne de vaca
vna lacchetta	vne eſclanche	gigóte
vitella mongana	veau de lait	ternéra lechal
vna rognata	rognon de veau	riñonada
lonza : longia	vne longe	lomo de ternera
vna bragiuola	vn alloyau	coſtilla de vaca
dell'alieſſo : carne leſſa	du bouilly	carne cozída
arróſto	du roſty	carne aſſáda
ſaláme	du ſalé	cecína
preſciúto	du jambon	jambón
ariſta	coſtelettes	coſtíllas
ſalſíccia	ſauciſſes	longanízas
ſalſiccióni	ſauciſſons	ſalchichónes
mortadélla	des gros ſauciſſons	ſalchichónes
ſanguináccio	du boudin	mortílla
della inſaláta	ſalade	enſaláda

Italien	François	Espagnol
frittáta	ommelette	tortilla de huéuos
frittáta col lardo: rognosa	ommelette au lard	hueuos y tocino: duelos y quebrantos
voua affogáte	des œufs pochez	hueuos estreillados
oua da bere	des œufs molets	huéuos blândos
delle frittélle	des bignets	buñuélos
burro: butíro	du beurre	mantéca
del lárdo	du lard	tocino
songia: sogna: strútto	du sein doux	sayne
le frútta	le dessert	la pòstre
de' confétti	des confitures	confites
de' zuccheríni	des dragèes	gragéa
de' moscardíni	des muscardins	alcorcíllas
de' canellíni	des canelats	mana
cotognâto	du codignat	çumo de membríllos
vn biscótto	vn biscuit	vizcócho
vna torta	vne tarte	torta
marzapáne	du massepain	maçapàn
bericuócoli	pain d'espice	pan de espécias
bozzolâi	des craquelins	rosquíllas
cialde: offélle	des oublies	suplicaciónes
della pàppa	de la bouillie	pàpas
pan fresco	du pain tendre	pan reziénte
pan tosto	du pain rassis	pandúro
pan muffo: muffato	du pain moisy	pan mohóso
pan nero: negro	du pain bis	pan baço
vna focàccia	vne galette	hogâça
mìca: midólla	mie	migâja
vna crósta	vne crouste	cortéza
		moscatélle

Italien.	François.	Espagnol.
moscatéllo	du muscat	moscatél
maluaggia	de la maluoisie	maluasía
vin rosso : negro	vin rouge	clarete
vin bianco	vin blanc	vino blanco
vin chiaretto	vin clairet	halóque
della gríspia	du rapé	raspado vino
bira : ceruógia : ceruósia	de la biere	ceruéza
orlicio di pane	le coin du pain	cantéro de pan
carne fróla	chair tendre	carne tierna
limonáta	limonade	limonáda
siero : siero di latte	du petit lait	suero de leche
ricótta	formage de cresme	naterón
formaggio : cascio	formage	guéso
fior di latte	cresme	nàta
latte	du lait	lèche
parmigiáno	parmesan	parmesáno
vn consommáto : pollo pesto	vn consommé	pisto
acqua cota : orzáta	tisane	ordiáta
panáta : pan cotto	panade	panáda
zelatina : gelatina	de la gelêe	elatína
mandoláta	lait d'amandes	almendráda
agresto	du verjus	agrát
boccone ghiótto : mágiar da prelati : da stropiáti	morceau friand	bocádo regaládo
vno saporétto	vn ragoust	moharráche
acéto	vin aigre	vinágre
mostárda	moustarde	mostáça
salsa : intingolo	saulse	sálsa
auanzi : auanzúli	des relicats	sobra : sobrado
beuanda	breuuage	beuída
oglio	huile	azéite
lattaiuola	darielle.	poleada. E

De gli Animàli di quatro piedi	Des Animaux à quatre pieds.	De los Animales quadrúpedes.
Lióne	Lion	Léon
Bùfalo	Bufle	Bùfano
Dromedário	Dromadaire	Dromadário
Elefánte	Elephant	Elephánte
Leopárdo	Leopard	Leopárdo
Vnicórno	Licorne	Vnicórnio
Orfo	Ours	Offo
Tìgre	Tigre	Tìgre
Can barbóne	Barbet	Barbudíllo
Vèltro	Chien courant	Galgo corredór
Càne	Chien	Pèrro
Càgna	Chienne	Pèrra
Levriere	Levrier	Gàlgo
Maftíno	Maftin	Perro ganadéro
Can da fermo	Chien couchant	Perro perdiguéro
Aláno	Dogue	Aláno
Bracco di guaglie	vn Efpagneul	Perro de Efpaña
Beftiáme vaccíno	Beftes à corne	Ganádo mayór
Barbíno	Bichon	Perillo de falda
abbayaménto	abbayement	ladrído
Afíno	Afne	Borríco
Bertúcià	Guenon	Mona con cola
Dàma	Daim	Dama
Coníglio	Conin	Gaçapo
zánne	deffences	colmillos
Stallóne	Eftallon	Garañón
Giouénca	Geniffe	Nouílla

Italien	François	Espagnol
Rìccio	*Herisson*	Erízo
teſta di Cignale: teſchio	*hure de Sanglier*	caueza de Iàuali: de môtes Puérco
Cauállo	*Cheual*	Cauállo
Cauálla	*Caualle*	Yègua
Lèpre	*Lieure*	Liébre
Lùpo	*Loup*	Lòbo
Porchétto di Cignále	*Marcaſsin*	Cochiníllo
Gatto màſchio	*Matou*	Gàto màcho
Caſtráto	*Mouton*	Carnéro
Búe	*Bœuf*	Buéy
Vitéllo	*Veau*	Ternéro
Mùlo	*Mulet*	Azemíla
Grùgno	*muſeau*	hocíco
Pollédro	*Poulain*	Pòtro
Tòpo	*Rat*	Ratòn
Sòrcio	*Souris*	Ratoncíllo
Vòlpe	*Renard*	Rapóſa
Tòro	*Taureau*	Tòro
Pòrca : Scróffa	*Truye*	Puérca
Grége : Màndra	*Troupeau*	Rebáño
vna portáta	*ventrée*	pàrto
Agnéllo	*Agneau*	Cordéro
Pécora	*Brebis*	Ouéja
Cèruo	*Cerf*	Cièruo
Camélo	*Chameau*	Camélo
Iſchiùro : Scoiáttolo	*vn Eſcureau*	Hàrda
Montóne : Ariète	*Belier*	Capitan de manáda
Taſſo.	*Blereau.*	Texón.

I nomi di certe Frutta.	Les noms de certains fruits.	Los nombres de cierta Frutta
Méla : Pomi	Des Pommes	Mançánas
Méla àpia	Pomme de Capendu	Camuéſſas
Peri : Pera	des Poires	Pèra
Pera Bergamótta	des Poires Perga-motes	Pera Bergamóta
Pera Moſcadélla	des Poires Muſcates	Cerméña
Briccócola : Ba-cóca	Abricot	Aluarcóque
Vìſciola mar-chiána	Bigarreaux	Guindas garra-fales
Amarína	Ceriſe aigre	Cereza àgria
Amaráſca	Griotte	Guinda àgria
Vìſciola	Guigne	Guínda
Vue ſpine	des Groſeilles	Vua ſpina
Peſca : Peſche	Peſche	Duráſno
mela Grana	des Grenades	Granáda
Ficco primatíccio	les premieres Figues	Bréua
Mora	Meure	Mora
Vua	Raſin	Vuas
Nèſpole : Nèſpola	Neſle	Níſpero
Sorba	Corme	Sorua
Dàttilo	Date	Dàtil
Pruna ſecca	Pruneaux	Ciruéla paſſa
Suſina	Prune	Ciruelas
Cotógno	Coing	Membríllo
Mándola	Amande	Alméndra
Spáragio	Aſperge	Eſpárragos
Biaráua	Betteraue	çanahória roxa

Italien.	François.	Espagnol.
Càstagne	Chaftaignes	Caftáña
Càperi	Capres	Alcapárra
Càrdo.	Carde	Cardo : Alcaucíl
Caróte	Carottes	çanahória
Fònghi	Champignons	Cogomélos : Hongos
Fìco	Figue	Hìga : Hígo
Fràgola	Fraife	Miruedáno : Fraga
Melóne	Melon	Melón
Angúria	Melon d'eau	Angúria
Mora di ròuo	Framboife	Mora de çàrça
Cetriuólo : Cocómero	Cocombre	Pepíno
Noci	Noix	Nuézes
Aràncio : Naràcio	Orange	Naránja
Perfico che non lafcia l'offo	Preffe	Frífco
Peftináca	Panet	Paftináca
Rauanéllo	Raifort	Ràuano
Vua paffa	Raifin de Corinthe	Paffillas de Leuante
Cìca	Zeft	Tela de nuez
Dulcígno	Douceaftre	Alguntanto dulce
La mùffa	fleur de Vin	Lapa
Nauóni.	Carotte iaune.	çanahórias amarillas.

Erbaggi per la pignatta	*Des Herbes pour le pot.*	Hortalízas por la òlla.
Rofmeríno : Romeríno	*Rofmarin*	Roméro.
Maiorána	*Marjolaine*	Mayorána
Cauoli fiori	*des Ch'oux fleur*	Coles florídos
Acetófa	*Ofeille*	Azedéra
Sàluia	*Saulge*	Sáluia
Petrofémbolo : Petrofemolo	*Perfil*	Perexíl
Cauol capuccio	*Choux cabus*	Repóllo
Lattúga	*Laictuë*	Lechúga
Afféntio	*Abfinthe*	Afféncios
Bafilíco	*Bafelic*	Albaháca
Cerfóglio	*Cerfueil*	Veléza
Endíuia	*Chicorée blanche*	Efcaróla
Cauli : Verte	*Choux*	Vertas
Sédo	*Tripemadame*	Yerua pantéra
Spinacci	*Efpinars*	Efpináças
Ortíghe	*Orties*	Hortígas
Pimpinélla	*Pimprenelle*	Pimpinéla
Porcellána: Porcácchia	*Pourpier*	Verdolága
Séna	*Sené*	hoja del Séna
Gramígna.	*Chiendent.*	Gráma.

De' Pesci.	Des Poissons.	Del Pescádo.
Tònno	*Thon*	Atún
Tìnca	*Tanche*	Tènca
Salmóne	*Saulmon*	Salmón
Lampréda	*Lamproye*	Lampréa
Arínga	*Hareng*	Haréngue
Sardíne	*Sardines*	Sardína
Alice	*Anchois*	Anchóuas
Ostriche	*Huîtres*	Ostiónes
Anguìlla	*Anguille*	Anguíla
Merlúzzo	*Moluë*	Abadéjo
Lische	*arrestes*	espínas
Arínga secca	*Hareng soret*	Harénque ahumádo
Lúccio	*Brochet*	Lùcio
Calamáro	*Casseron*	Calamàr
Làssere	*Carlets*	Pece àncho
Càrpio: Càrpa	*Carpe*	Càrpa
Conca	*Coquille*	Còncha
Gàmbero	*Escrevice*	Cangréjo
Ranòcchio	*Grenoüille*	Rána
Gómbero	*Macquerean*	Aláche
Ràza	*Raye*	Lixa: Ràya
Linguàttola	*Sole*	Lenguáda
Trúta	*Truitte*	Trúcha
Carauágno	*Macreuse*	Aue que nace de la Mar
Tèmolo	*Ombre*	Tremiélga
Tonnína	*Thon salé*	Alun saláda
Càlcino	*Viue.*	Dragón maríno.

Officiali di guerra.	Les Officiers de guerre.	Los Caudíllos de guérra.
Generalíssimo	Generalissime	Generalíssimo
Generále	General	General
Luogo tenénte Generále	Lieutenant General	Lugár tiniénte General
Màstro di Càmpo	Mestre de Camp	Maéllo de Cápo
Mastro di Campo Generale	Mareschal de Cáp	Maéstro de Cápo General
Generále dell' Artigliería	Grand Maistre de l'Artillerie	General de la Artillería
Colonéllo	Colonel	Coronèl
Maggióre	Major	Mayòr
Capitáno	Capitaine	Capitàn
Soldáto nuóuo	Soldat nouueau	Visóño
Caporále	Caporal	Cabo de esquádra
Alfiére	Enseigne	Alférez
Sergénte	Sergeat	Sargénte
Forriére maggióre	Mareschal des logis	Apofentadór
Forriére	Fourier	Furiél
Caualliéro : Caualliére	Cauallier	Soldado de à cauallo
Soldato à cauállo	Gendarme	Hôbre de àrmas
Fànte : Pedóne	Fantassin	Peón
Corte degli sbirri	le Guet	la Corte
Sentinélla mòrta	Sentinelle perduë	Posta
Fociliére	Fuselier	Fociléro
la Rònda	Ronde	Rònda
Tamburríno	Tambour	Tamboréro
		Auuenturiéri

Italien.	François.	Espagnol. 41
Avuenturiéri	Volontaire	Abenturéro
Guastadóre	Pionniers	Gastadòr
Caualleria	Cauallerie	Caualleria
Infanterìa	Infanterie	Infanterìa
Ostággio	Ostage	Rèhen
Insegna: Cornétta	Cornette	Cornéta
Fante perdúto.	Enfant perdu.	Soldado por perdido.

Della Moneta.	De la Monnoye.	De la Moneda.
Dòbla, dòppia	Pistolle	Vna dòbla
doppióne, doblóne	quadruple	vn doblón
mezza dobla: dòppia	demy pistolle	mèdia dóbla
rosa nòble	noble à la rose	rosa noble: moneda
Giacobóne	Iacobus	Iacobus
scudo d'òro	escu d'or	escúdo de òro
scudo d'argénto	escu d'argent	escúdo de pláta
testóne	teston	teston
quarto di scúdo	vn quart d'escu	quarto de escúdo
vn giúlio	cinq sols	gùlio: paulíno
vn gròsso	trois blancs	quartíllo
vn baiócco	deux liards & vne maille	quárto
vn quatríno	vn denier	vna blánca
vn sòldo	vn sol	vn suéldo: vna placa
vn carlino	quatre sols & demy	quatro placas y media

Italien.	François.	Espagnol.
vn patacone	vne piece de 58 sols	vn reàl de a òcho
venti noue soldi	vne piece de 29 sols	vn reàl de a quátro
quatordeci soldi e mezo	vne piece de 14 sols	vn reàl a dós
sette soldi	vne piece de 7 sols	vn reàl
quattro danari: quattrini	quatre deniers	ochauo
quattrino	vn double	vn marauedì
mezzo quattrino	vne maille	media blanca
vn gettóne	vn geton	vn contadór
monéta.	petite monnoye.	menúdos.

De gli Alberi.	Des Arbres.	De los Arboles.
Armeníaco: Baccóco	Vn Abricotier	Aluarcóque
Màndolo	Vn Amandier	Alméndro
Bòsso	Buis	Box
Cespúglio: Frátta	Vn Buisson	Bréña: çàrça
Quércia	Vn Chesne	Enzína
Citróne	Vn Citronnier	Cìdro
Cirégio	Vn Cerisier	Cerézo
Sòrbolo	Vn Cormier	Sòrbo
Fàggio	Fousteau	Hàya
Ficáia	Vn Figuier	Higuéra
Frágolo	Vn Fraisier	Miesgádo
Melogranáto	Vn Grenadier	Granadéro
Allóro	Vn Laurier	Laurél
Cèdro: Limóne	Vn Limonier	Cìdro
Mòro	Vn Meurier	Moràl

Italien	François	Espagnol
Mìrto	Vn Mirthe	Arrayàn
Nèſpolo	Vn Neflier	Méſpolo
Olmo	Vn Orme	Olmo
Meloráncio	Vn Oranger	Naránjo
Vliuo	Vn Oliuier	Azeitúno
Pìno	Vn Pin	Pìno
Nòce	Noyer	Nogál
Pèro	Vn Poirier	Perál
Pòmo	Vn Pommier	Mançáno
Roſaio	Vn Roſier	Roſál
Abéte	Vn Sapin	Abéto
Sambúco	Vn Sureau	Sambúco: Sabúco
Gèlſo.	Meurier blanc.	Morál blanco.

Le malatíe de gli Huomini.	Les maladies des Hommes.	Las enfermedades de los Hombres.
Il mal Francéſe: di Nàpoli	Le mal de Naple	Bùuas
vn fiſtolo	chancre	çaratàn
vn tàruolo	chancre verolé	çaratan de búuas
il cànchero	la gangrene	cangréna
vna ſcolatióne	chaude-piſſe	gonorrèa
vna bólla	vne puſtule	boia
vna ſcorticatúra	vne eſcorcheure	deſſolladura
vna gonorèa	vne gonnorée	gonorèa
vn tincóne	vn poulain	encórdio
le piàttole	les marpions	ladillas
il batticuóre	le battemẽt de cœur	çoçóbra
vn'àſma	vne courte haleine	aſma
vn naſcíuolo	vn cloud	hùra

Italien	François	Eſpagnol
il grànfio	le crampe	calámbre
i dolóri còlici	la colique	hiáda
la ſcorènza	la diſſenterie	diſentería
vno ſuenimènto	vne defaillance	deſmayo
vn pizzigóre	vne demangeaiſon	comezón
le ſcròffole	les eſcroüelles	lamparónes
vna ricaduta	vne recheute	recayda
fèbbre	fieure	calentura
fèbbre contínua	fieure continuë	calentúra
fèbbre càlda	fieure chaude	cauſon
fèbbre terzána	fieure tierce	terciána
fèbbre quárta	fieure quarte	quartána
trèmola: griſolo	friſſon	calofrío
catárro	catarre	catárro
gòtta : podágra	la goutte	gòta
il càlcolo : la re- nélla	la grauelle	piedra de riñónes
la rognúzza	la gratelle	areſtín
i morìci	les hemoroïdes	almorrána
il letárgo	la letargie	modórra
l'iſterízzia	la iauniſſe	iſterícia
il mal cadúco	le mal caduc	mal cadúco
fiaccatúra: ammacamènto	meurtriſſure	cardenàl
mal di piétra	la pierre	mal de piédra
le petécchie	la rougeolle	ſarampión
vna ſtrangúria	retention d'vrine	eſtranguria
vn delirio	vne reſverie	deſuario
ſpáſimo	paſme	deſmayo
la tòſſe	la toux	tòz
il vaíuolo	la petite verolle	buuas de niños
il moruiglióne	verolle volante	viruélas
vn gòbbo	vn boſſu	corcobádo
vn zòppo	vn boiteux	còxo

Italien	François	Espagnol
	rheume	romadízo
vn bábbo : ícilin- guáto	vn begue	tardamúdo
vno sfrégiato	vn balafré	cariacuchilládo
vn caítráto	vn chaſtré	capádo : caſtrado
vn lìppo	vn chaſſieux	lagañóſo
vn rafredato	vn enrhumé	arromadizádo
vn riícaldato	vn eſchauffé	eícalentádo
bríuido : íideráto	engourdy	tiéſſo : atormecído
ràuco	enroüé	enroquezído
vn freddolóſo	vn frileux	friolénto
vn biéco : loſco	vn louche	tuerto : viſojo
vn lepróſo	vn ladre	gafóſo : leprófo
mocolóſo	morueux	mocoſo
ammalato	malade	enférmo : acha- cóſo
appeſtáto	peſtiferé	apeſtado
vn puténte	vn punais	hediondo de na- rìz
vn sòrdo	vn ſourd	sòrdo
apopleſsìa	apoplexie	apoplexía
abórto : ſcóncio	auortement	abórto
poſtéma	abſés	apoſthéma
feríta	bleſſeure	lliága : herída
márcia	boüé de bleſſeure	pòdre
gòbba	boſſe	còrcoba
cicatríce	cicatrice	trépa
grànfio : gránchio	crampe	calàmbre
riſipéla	eriſipele	eriſipíla
gonfiatúra	enfleure	hinchazón
ſcorénza	cours de ventre	càmeras
rògna	galle	ſarne
migréna	migraine	axaquéca
pèſte	peſte	lándre

46 Italien.	François.	Espagnol.
suaniménto	pâmoison	suste
tègna : tìgna	tigne	caspa
vertígine	tournoyement	vaguído
monócchio	borgne	visojuelo
caluo	chauue	càluo
tartagliáre : bal-	parler gras	ceceàr
butíre		
muto : mùtolo	muet	mìdo
buccheráto del	picotté de verolle.	tachádo.
vaiuolo.		

Malatíe de' Caualli.	Maladies des Cheuaux.	Enfermedádes de Cauallos.
Vìuole	Auiues	A bíuas
pòrri	crapaudines	espúndias
scábbia	farcin	vermicúcaz
verme volático	farcin volant	vermicucaz volante
cimórro	gourme	landrézilla
neruo fiaccato	nerf foulê	neruio lastimádo
bolso	poussif	asmático
rèstio	rêtif	traséro
spauentóso	ombrageux	sombróso
mòccola	morue	muérmo
moccolóso.	morueux.	amormádo.

Certi Fiori.	Certaines Fleurs	Ciertos Flores.
Rosa	Rose	Rosa
Centofóglie	Rose à cent feüilles	Rosa de ciĕ hojas
Rosa muscáta	Rose musquée	Mosquéta
Violétta : Vióla	Violette	Violéta
Stélo : Gàmbo	Tige	Pénca
Tulípa : Tulipáno	Tulipe	Tulipán
Anemóne	Anemone	Anemóna
Feſtoncéllo : Mazzétto	Bouquet	Ramilléte
Fior d'Aráncio	Fleur d'Orange	Azahár
Vióla	Giroflée	Alhéli
Giacínto	Iacinthe	Iacínto
Gìglio	Lys	Açucéna
Narcíſſo	Narcis	Narcíſſo
Búlba : Cipólla	Oignon de fleur	Bùlbo
Cróco : Zafferáno	Saffran	Açafran
Gelſomíno	Iaſmin	Iaſmín
Garófano	Oeillet	Clauèl
Papáuero.	Pauot.	Adormidéra.

Certe Parti della terra	Certaines parties de la terre.	Ciertas Partes della tierra.
Antro	Antre	Cuéua
ríua ſpónda	bord	arilla
ciglio di fòſſo	bord de foſſé	ribàzo

 Italien.   *François.*   *Espagnol.*

Italien	François	Espagnol
poggétto	*butte*	cérro
bòſco : ſelua	*bois*	bóſque
càua di conígli	*clappier*	biuéro : gazapéra
collína	*coline*	collado
campo maggéſe	*champ en friſche*	heriál : tierra valdia
ſtrada maéſtra	*grand chemin*	camíno reál
ſcóglio	*eſcueil*	peña : peñòl
iſola	*iſle*	iſla
penínſola	*demy-iſle.*	peñìſcola
àrgine	*digue*	oròn
ſalíta	*montée*	ſubìda
mòlo	*port de riuiere*	muélle
pianúra	*plaine*	vanúra
pàrco	*parc*	párque
ſécca	*banc en mer*	bancál
tána	*tanniere*	tàna : madriguéra
vignále	*vignoble*	vidúño
vígna	*vigne*	vìña
legnáme	*quantité de bois*	madéra
pietra focáia	*pierre à feu*	pedernàl
ſinópia	*craye rouge*	almágre
gèſſo	*plaſtre*	yéſſo
zolla	*gazon*	cèſped
gléba	*vne motte*	terrón
ghiára	*grauier*	guíja
ſtrada battuta	*chemin battu*	camíno trillado
campágna	*campagne*	vèga
ſemita : ſentiéro	*ſentier*	ſendéro : ſénda
ſélce	*caillou*	pedernál
calcína	*chaux*	cal
paludóſo	*mareſcageux*	paludóſo
ronchióſo	*rabotteux*	eſcabróſo
paragóne.	*pierre de touche.*	piédra tóque.

Della Guerra.	De la Guerre.	De la Guerra.
Línea : lígna	*Ligne*	Línea
aſſédio	*ſiege*	cèrco : ſitío
apprócci	*approches*	acercamiéntos
antiguárdia	*auantgarde*	vanguárdia
retroguárdia	*arrieregarde*	retaguárdia
raſſégna	*montre : reueuë*	alárde
aſſálto	*aſſaut*	aſſalto
ritiráta	*retraite*	retiráda
eſſército	*armée*	exército
armáta	*armée nauale*	armáda
campo volánte	*camp volant*	campo voiánte
bréccia	*breche*	portìllo
ſcaláta	*eſcalade*	eſcaláda
ſcaramúccia	*eſcarmouche*	eſcaramúça
imboſcata	*embuſcade*	celáda
vſcíta	*ſortie*	salída
ſcõfítto·ſcõpíglio	*défaite*	ròta
ſcorta : conuóglio	*conuoy*	acompañamiénto
ſaluocondótto	*ſauf conduit*	ſaluocondúcto
paſſapórto	*paſſe-port*	paſſapórte
vettouáglie	*viures*	victuállas
foràggio	*fourage*	forraie
pàga	*paye*	pàga : ſuéldo
zuffa	*meſlée*	refriéga
ciménto : cõbáto	*combat*	pelèa
preſídio	*garniſon*	preſídio
piazza d'árme	*rendez-vous*	plaça de armas
ſbárra	*barricade*	barrèa de tóneles
mortalétto	*mortier*	morteréte

G

Italien	François	Espagnol
cázza	*boíſte*	càxa
focíle	*fuſíl*	focìl
archibúgio da póſta	*arquebuſe à croc*	arcabùz
gabbióni	*gabions*	ceſtónes
focóne	*baſsinet*	fogòn
bùco del focóne	*lumiere de baſsinet*	hoyo del fogón
mìra : traguardo	*viſiere*	mìra
raſchiatóio : raſtiatóre	*tirebourre*	ſacatrápos
mìcchia	*meſche*	mècha
vìte	*viz*	torníllo
fuſélla	*fusée*	cohéte
ſoffióne	*pètard de papier*	tronéra : buſcaruydo
vn tìro	*vne volée de canon*	tiro de artillèria
èlmo : celáta	*caſque*	yèlmo
pétto à botta	*plaſtron à l'épreuue*	peto eſcarmentádo : trançado
bracciáli	*braſſarts*	braçalétes
coſciáli	*cuiſſarts*	quixótes
giácco	*chemiſete àmaille*	cota
mànopola	*gantelets*	guántes de màlla
viſiéra	*viſiere*	viſéra
partigiána	*pertuiſane*	parteſána
alabárda	*hallebarde*	halabárda
frómba	*fronde*	hònda
colteláccio	*coutelas*	machéte
pugnále	*prignard*	dàga
brocchiére	*bouclier*	broquèl
rotélla	*rondache*	rodéla
impugnatúra: mànico	*poignée*	empuñadúr
làma	*lame*	hója

Italien.	*François.*	*Espagnol.*
làma incauâta	lame vuidée	hoja canaláda
làma di trafóro	lame percée à iour	hoja aguxeráda
fòdro	fourreau	vayna
fopra fòdro : fopra guaína	faux-fourreau	fobreuayna
pizzále : puntále	bout de fourreau	contéra
pendóne	porte efpée	talauárte
armacóllo	baudrier	tahály
bandoliéra	bandoliere	vandoléra
infégna : bandiéra	enfeigne	vandéra
fonár raccólta	fonner la retraite	tocar à recogèr
fcaualcàr l'artiglierìa	démonter le canon	defencaualgar el artilleria
riempiménti	recreuës	crefcimiéntos
trincieraménti	retranchemens	trinchèa
guáfto	dégaft	tála
bacchétta	baguette	tàco
cimiére	cimier	ciméra
bagáglio	bagage	bagáje
dága Italiána.	bayonette.	nauajòn.

Pietre pretiófe.	*Pierres pretieufes*	Pietra pretiófa.
Diamánte	Diamant	Diamánte
belzuàr	bezoard	bezàr
àgata	agathe	àgata
àmbra giálla	ambre iaune	ambàr amaríllo
àmbracane	ambre gris	ambàr gris
fmeráldo	efmeraude	efmerálda
gióia	joyau	iòya
madrepérla	nacre de perle	nacar de pérlas
pietra di paragóne	pierre de touche	piedra tòque

Italien	François	Espagnol
rubíno	*rubis*	ruby
zaff.ro	*faphir*	çafíro
turchéfa:turchína	*turquoife*	turquefa
corállo	*corail*	corál
perle d'òncia	*femence de perles*	aljófar
carbónchio	*efcarbaucle*	carbúnco : car-búnclo
diáfpro	*jafpe*	jafpe
calamíta	*aiman*	piedra ymàn
pietra pómice.	*pierre ponce.*	piedra efponja.

Mercánte, & Arti mecániche.	*Marchands, & Arts mecaniques.*	Mercadéres, y Artes mecánicas.
Mercánte	*Marchand*	Mercadér : *qui vend*
Mercánte	*marchand*	Merchante : *qui achete*
auuentóre	*chaland*	vezèro
conto	*parties*	cuénta
ftràccia fóglio	*journal*	libro de memória
fcóntro	*extrait*	còpia : libro de cuenta
bànca	*comptoir*	contadòr
mercantìa	*marchandife*	mercadurìa
vèndita	*vente*	vendéja
difcáto	*dèchet*	mèrma : caída
lòto	*gros*	ocháuo de ònça
quárta	*demy-gros*	mèdio ocháuo
òncia	*once*	ònze
lìbra	*liure*	lìbra

Italien.	François.	Espagnol.
ſtadéra	fleau	péſo
trabocchétto	trébuchet	pèſo de oro
cànna	aulne de France	vàra
bráccio	aulne (dans les autres païs.)	vàra
vna pèrtica	vne toiſe	braçáda
due pàlmi	vn pied	piè medída
vna ſpána	vn empan	pàlmo
mezza mìna	vn minot	mèdia hanèga
vna rìſina	vne rame de papier	rèſma de papél
vn quintérno	vne main de papier	máno de papèl
vn móggio	vn muid	àlmud
vno ſtáio	vn boiſſean	hanéga
vn Salſicciáro	} Chaircuitier	Acecinadòr
vn Salſicciáio		
vn Pizzicarólo		
vn Carda lána	Cardeur	Cardadòr
vn Beccáro		
vn Beccáio		
vn Macelláro	} Boucher	Carninecéro
vn Macelláio		
vna Lauandára		
vna Lauandáia	} Blanchiſſeuſe	Lauandéra
vna Bianchitríce		
vn Berettáro	Bonnetier	Bonetero.
vn Berettáio		
vn Capelláro	Chapelier	Sombreréro
vn Capelláio		
vn Calderáro	Chauderonnier	Calderéro
vn Calderáio		
vn Ceráro	Cirier	Ceréro
vn Ceráiuolo		
Vendi inchióſtro	Encrier	Mercadèr de tinta
Spetiáro	Eſpicier	Eſpecciéro

Italien.	François.	Espagnol.
Agucchiáro	*Espinglier*	Alfiléro
Smaltatóre	*Esmailleur*	Esmaltadòr
Spadáro: Spadáio	*Fourbisseur*	Espadéro
Rigattiére	*Frippier*	Ropéro
Fruttarólo	*Fruittier*	Frutéro
Aguzzacoltélli	*Gagne petit*	Amoladòr
Guantáro: Guantáio	*Gantier*	Guantéro
Horologiére	*Horloger*	Relojéro
Stampatóre	*Imprimeur*	Imprimidòr
Gioielliére	*Ioyaillier*	Ioyéro
Lapidário	*Lapidaire*	Lapidario
Libráro: Libráio	*Libraire*	Libréro
Muratóre	*Maçon*	Albañìl
Manouále	*Manœuure*	Iornaléro: Peòn
Mercáte di biáde	*Marchand de bled*	Mercadèrde trigo
Merciáro: Merciáio	*Mercier*	Buhonéro
Spalatóre	*Mesureur de bled*	Medidòr de trigo
Marescálco	*Mareschal de cheuaux*	Herradòr
Pescatóre	*Pescheur*	Pescadòr
Acquarólo	*Porteur d'eau*	Aguadòr
Peltráro: Peltráio	*Potier d'estaing*	Peltréro
Poluerísta	*Poudrier*	Poluoréro
Carbonáro: Carbonáio	*Charbonnier*	Carbonéro
Carráro	*Charron*	Cochéro oficial
Conduttiére di pesci di mare	*Chasse-marée*	Porcácho
Occhialáro	*Marchand de lunettes*	Mercadèr de antojos
Mercánte di légna	*Marchand de bois*	Mercadèr de leñas

Italien.	François.	Espagnol.
Mercánte di fèda	*Marchand de foye*	Mercadèr de fèdas
Mercánte di pánno	*Marchand de drap*	Mercadèr de paños
Drappiére	*Marchand d'eftoffes de foye*	Mercadèr de matérias de fèda
Mercante di caualli	*Marchand de cheuaux*	Mercadèr de cauallos
Mercante di vìno	*Marchand de vin*	Mercadèr de vino
Formaggiáro	*Formager*	Mercadèr de queſo
vna Vendi látte	*vne Laitiere*	Lechéra
Mercánte di lana	*Marchand de laine*	Mercadèr de lana
Cufcitríce	*Lingere*	Labradóra de lienços
Telaióla	*Lingere*	Lencéra
Cialdonáio	*Oublieur*	Oficiàl de obléas
Màftro	*Ouurier*	Maeftro : Oficiàl
Cartáro : Cartáio	*Papetier*	Papeléro
Profumiére	*Parfumeur*	Perfumadór
Pafticiére Pafticiáio Pafticiáro	*Patiſsier*	Pafteléro
Selciatóre : Laftricatóre	*Paueur*	Enlofadòr
Maftro di zàzzere	*Perruquier*	Melenéro
Selláro	*Sellier*	Silléro
Magnáno	*Serrurier*	Cerrajéro
Acconciacorámi	*Tanneur*	çurradòr
Teffitóre	*Tiſseran*	Texedòr
Cimatóre	*Tondeur*	Trefquiladór
Bottâio : Bottâro	*Tonnelier*	Cubéro : Botéro
Manopoliére	*Monopoleur*	Manopodiadòr
Mafcalzóne	*Pendart*	Pendéio

Italien.	François.	Espagnol.
Bàrro: Truffatóre	*Pipeur*	Folléro
Puttaniére	*Putacier*	Putañéro
Accatatózzi	*Gueux*	Perdioféro
Bagatelliére	*Ioüeur de gobelets*	Tahùr
Ruffiàno	*Maquereau*	Alcahuéte
Ruffiána	*Maquerelle*	Alcahuéta
vn Boláto	*Marqué de fleur de lys*	Bulâdo
vn Trífto	*vn Vautrien*	Velláco
Manigóldo		
Bòia	*Boureau*	Verdúgo
Carnéfice		
Buffóne	*Bouffon*	Truhàn
Vetturíno	*Voiturier*	Traginéro
Vetràro	*Vitrier*	Vidriéro
Vignarólo	*Vigneron*	Viñadéro
Ceftàro	*Vanier*	Ceftéro
Tripâra	*Tripiere*	Grofuléra: Tripéla
Maftro di palla córda	*vn Tripotier*	Pelotéro
Tornitóre	*Tourneur*	Torneadòr
Tapezziére	*Tapiffier*	Tapicéro
Saltimbânco	*Bafteleur*	Bolteadòr
Mercânte fallíto	*Banqueroutier*	el que haze van-caróto
Affaffino	*Affaffin*	Salteadòr
Bandíto	*Banny*	Defterrâdo
vna Leuatríce	*Sage Femme*	Partéra
Gabelliére	*Maltotier*	Sifadòr
Proccâcio	*Meffager ordinaire*	Menfagéro ordinârio
Meffagiére	*Meffager*	Menfagéro
Sàrto : Sartóre	*Tailleur*	Sàftre
Fornafàro	*Thuilier*	Tejéro
		Tintóre

Italien	François	Espagnol
Tintóre	Teinturier	Tintoréro
Guardauácche	Vacher	Vaquéro
Vendemmiatóre	Vendangeur	Vendimiadòr
Bicchieráio	Verrier	Official de vídrios
Pollároulo	Poulallier	Polléro
Pozzáro	Puitier	Pozéro
Sarcitóre	Rentrayeur	Zurzidòr
Venderóla : Trécola	Reuendeuse	Regatóna
Sciabattino : Zauattíno	Sauetier	Remendòn de çapatos
Zeccaro : Zeccáio	Maiſtre de la Monnoye	Monedéro
Sopraſtante	Controlleur	Veedòr : Fiſcaléro
Biſcazziére	Brelandier	Tablagéro
Ciarlatáno	Charlatan	Charlatàn
Incantatóre	Charmeur	Enſalmadòr
Taglia-cantóni	Couppe iarets	Brauo
Taglia-bòrſe	Couppe bourſes	Cortabólſas
Indouíno	Deuin	Adeuíno
Indouinatríce	Deuinereſſe	Adeuinadòra
Farſatóre	Farceur	Farcíſta
Monetáro	Faux Monnoyeur	Falſario de moneda
Mariólo : Farinéllo	Filou	Eſtafadòr
Furfánte	Fripon	Pícaro
Fornáro	Boulanger	Panadéro
Braciére	Braſſeur	Ceruezéro
Riccamatóre	Brodeur	Orladòr
Bettogliére	Gargottier	Bodegonéro
Fognáro	vn Boüeur	Lodóſo : Cenegóſo
Scápaneggiatóre	Carillonneur	Campaneadòr : Repicador
Paſtóre	Berger	çagàl : Paſtòr

Italien.	*François.*	*Espagnol.*
Vendibutíro	Beurier	Mantequéro
Candeláro	Chandelier	Velèro
Banchiére	Banquier	Banquéro
Chiodáro	Cloutier	Chapucéro
Calzoláio	Cordonnier	çapatéro
Acconciacorámi	Courroyeur	çurradòr
Corriére	Courrier	Corréro
Coltellináio	Coutelier	Cuchiléro
Tettaiuólo	Couureur	Trafteiadòr
Indoratóre	Doreur	Doradòr
vn Ferrauécchie	vn Crieur de vieux fers	Pregonéro de traftos viéjos
vn Vendi fúmo	vn Crieur de noir à noircir	Pregonéro de negro de humos
Cura pózzi	Cureur de puits	Lìmpia pòzos
Facchíno	Crocheteur	Ganapàn
Curacéffi	Cadoy	Lìmpia latrínas
Cauamácchie	Dégraiffeur d'habits	Sacamánchas
Vendigiuncáta	Crieur de crefme	Vendenatarónes
Zolfanéllo	Crieur d'allumettes	Vende pajuelas de çufre
Telarólo	Marchand de toile	Mercadér de tela
Falegnáme : Maringóne	Menufier	Enfembladòr
Molináro : Molináio	Meufnier	Molinéro
Miniatóre	Miniateur	Miniadòr
Piombáro	Plombier	Ploméro
Pennacchiáro	Plumacher	Plumajéro
Pefciuéndolo	Poiffonnier	Pefcadéro
Ceftarólo	Porteur d hotte	Ceftéro
Pelliciáro : Pelliciáio	Pelletier	Pellejéro
Pettináro	Faifeur de peignes	Peynedéro

Italien.	*François.*	*Espagnol.*
Orèfice	Orfevre	Platéro
Vccellatóre	Oyselier	Paxaréro
Maſtro di ſtuóie	Nattier	Eſteréro
Ladro : Ladrone	Larron	Ladròn
Stregóne	Sorcier	Hechizéro
Strèga	Sorciere	Brúxa
Vſuráio	Vſurier	Logréro
Bericucoláio	Vendeur de pain d'eſpice	Mercadèr de pan de eſpecias
Spazzacamíno	Ramonneur	Barradòr de chimenéas: Deshollinadòr
Conciacalzètte	Rauaudeur	Zarzidòr
Mettimaſſáre	Recommandereſſe	Alquiladóra de cryadas
Herbaròlo	Herboriſte	Herbolário
Spigolatóre	Glaneur	Eſpigadòr
Intagliatóre	Graueur	Entalladòr
Fonditóre	Fondeur	Hundidòr
Fontanáro	Fontenier	Fontanéro
Armáiuolo	Armeurier	Arméro
Cauadénti	Arracheur de dents	Sacamuélas
Aſináro : Sómáro	Aſnier	Aſnéro
Barbiére	Barbier	Barbéro
Barcaròlo	Batelier	Barquéro
Carrettiére	Chartier	Harriéro
Mercante di ferro e latta	Clinqualier	Mercadèr de chocállos
Marangone : Legnaiuolo	Charpentier	Carpintéro
Specchiáro	Faiſeur de miroir	Mercadèr de eſpéjos
Manticiáro	Faiſeur de ſoufflets	Official de fuélles
Schiappazócchi	Fendeur de bois	Partidòr de leña

Italien.	*François.*	*Espagnol.*
Gualchiére	*Foulon*	Batanadòr
Mercánte di ferro	*Ferronnier*	Mercadèr de hierro
vna Guarda dṍne.	*vne Garde d'accou-chée.*	Guarda parídas.

Certi legúmi.	*Certains legumes.*	**Ciertos legumbres.**
Biáda : Biáua : Auéna	*Auoyne*	Ceuáda
Fromentone : Formentone	*Bled de Turquie*	Xaramágo
Finòcchio	*Fenoüil*	Hinójo
Forménto	*Froment*	Trígo
Baccéllo	*Gouffe de febue*	Calcára
Ghiánda	*du Gland*	Bellóta
Faggíuoli	*des Haricots*	Frifóles
Lenticchia	*des Lentilles*	Lantéjas
Moftarda	*Mouftarde*	Moftaça
Loglio	*Yvraye*	Vallíco
Crúfca : Semóla	*du Son*	Saluádo
Cèci	*Pois chiches*	Cícheres
Bifélli	*des Pois*	Garauançoa
Orzo.	*Orge.*	Ordeo.

Rettíli, e Vermi.	Reptiles, & Vers.	Reptílias, y Gusános.
Pècchie: àpi	Mouches à miel	Abéxas
bigátto	ver à soye	gusáno de la seda
lucciola	ver coquin	luciérnaga
brúcco	hanneton	abejón
tàrlo	mitte	polílla
piàttola	marpion	garrapáta
mosca cauallína	mouche bouine	mósca de cauállos
zìzera	moucheron	mosquíta
fàrfalla	papillon	maripósa
pidócchio	poux	piójo
pùlce	puce	pùlga
sanguisúga	sangsuë	sanguijuéla
caualétta	sauterelle	langófta
cìmice	punaife	chínche
tela di ragno	toile d'araignée	tela de aráña
róspo	crapaut	sapo
chiócciola	escargot	caracól
lucértola	lezard	legartíja
scorpióne	scorpion	alacran
vípera.	vipere.	bíuora.

Stromenti musicali.	Instrumens de musique.	Instrumentos de música.
Grúppo : tríllo	Le tremblement	Guiébra
battúta	mesure	el compás
chiáue	clef	cláue
l'àlto : sopráno	le dessus	el típle
bàsso	le bas	el báxo
canto fèrmo	plain chant	canto lláno
mottéto	motet	motéte
serenáta	serenade	serenáda
mattináta	aubade	alboráda
brándo	bransle	vaybîen
bállo	bal	báyle
balétto	balet	saráo
dánza	dance	dánça
sarabánda	sarabande	sarabánda
píua	hautbois	menestríl
flaúto	fleute	fláuta
zúffolo	flageolet	píto
violóne	vne basse de violon	baxo de violón
violino	violon	violón
chitárra	guitarre	guitárra
liúto	lut	láud
spinetta : mani-córdo	espinette	clauicórdio
órgano	orgue	órgano
mandóra	mandore	mandóra
andóra	pandore	pandóra
caprióla	capriolle	cabrióla
gíga : ribécca	poche	rabél

Italien	François	Espagnol
ampógna: corna-musa.	cornemuse	gayta
rombétta	trompette	trompéta
ordina	surdine	clarín de trompéta
ondo diſtroménto	table d'inſtrumens	hóndo
nezzana	octaue	octáua
cadéna	la barre	barra
cantino	chanterelle	príma
córda	corde	cuérda
archetto : plettro	archet	árco
ponticéllo	cheuelet	puénte
biſchéri	cheuilles	clauíjas
contrapúnto	le contrepoint	contrapúnto
diſſonanza.	faux accord.	deſtemplánça.

Certe parti del Giardino.	Certaines parties du Iardin.	Ciertas partes del Iardin.
Viale : vióttolo	Vne allée	Andámio
pergoláto : pergo-láta	berceau	cuna parrál
pérgola	treille	pàrra
quádro	planche	cámo : quádro
compartiménto	parterre	ſuélo
hórto	iardin potagé	huérta : hortalíza
giardíno.	jardin.	jardín.

Del Mare, ed acque dolci.	De la Mer, & des eaux douces.	De la Mar, y de las aquas dulces
Guádo : guázzo	Le gué	Báxa : vádo
palúde	marest	marîsma
lagúna	marescage	pantáno : lagúna
ruscéllo	ruisseau	arroyuélo
orígine : scaturígine	source	mananciál : manadéro
torrénte	torrent	raudál : torrente
la cánna	tuyau	canál : súlco
tragétto	destroit	distrîcto : braço de mar
acqua sorgîua	eau viue	aqua mananciál
acqua gôrga	eau croupie	aqua estadîza
acqua stagnánte		
stágno	estang	estánque
fiúme	fleuue	río
flússo è riflússo	flux & reflux	saca y resaca
fángo	bourbe	cenégo
il corrénte	le fil d'eau	rodál
canale	le canal	canal, aguatôcho
imboccatúra	emboucheure	embocadura
fônte : fontána	fontaine	fuénte
vn ramo d'acqua	bras de mer	braço de mar
cascáta	cascades d'eau	cascatas
inondatiône	desbordement	auenîda
vn'ónda	vne onde	ôlas : ôndas
vn lago	vn lac	lágo
vorágine	gouffre	piélago : tragadéro
golfo : seno di mare	gouffre de mer	golfo de mar

ampion

Italien	François	Espagnol
ampion	ampion	fanál
àncora	ancre	àncora
bôssola	boussole	agúja de mar
flôtta	florte	flôta
felúca	falouque	felúca
galéa: galéra	galere	galéra
àlbero	mast	mastîl
nauîglio	nauire	náo: nauîo
prôra	prouë	prôra
pôpa	poupe	pôpa
rami	rames	palaméntas
tôlda	tillac	tîlla
vascéllo	vaisseau	vaxél
batéllo	esquif	esquife
nocchiéro: pilôto	pilote	pilôtò
véla	voile	vèla
calma: bonáccia	bonace en mer	cálma: bonánça
timône.	timon.	gouernálle.

Caualerizza: stalla: color de' caualli.	Manege: escurie: couleur des cheuaux.	Picadéro: caualleriça: colór de los cauállos.
Sélla	La selle	Sílla
arcióne	arçon	arçon
cínghia	sangle	cíncha
pomo dell'arcióne	pommeau de l'arçon	pomo de arçón
groppiéra	croupiere	gropéra
staffíle	estriuiere	ación de estriuo
stáffa	estrier	estríbo
gualdráppa: val-dráppa	housse	guáldrápa

i

Italien	François	Espagnol
schiauìna	couuerture de cheual	cubiérta
ronzíno	bidet	haquílla
bertóne	courtau	quartágo
cauál castráto	hongre	cauallo capádo
chinéa : caual di portánte	hacquenée	portánte : hàcanér
bárbo : bárbaro	barbe	cauallo berberísco
bríglia	bride	fréno
rédini	raísnes	riéndas
stánghe	branches	camás de fréno
barbozzále	gourmette	barbáda
bottóne	balotte des mors	borón
cannóne	canon	cañón
testíera	testiere	cauezáda
capéstro	licol	cabéstro
mórso	mors	bocádo
stríghia : strília	estrille	almoháça
spelatóia	brosse	mandíl
mangiatóia	mangeoire	pesébre
rastelliéra	rastelier	rastríllo
fascio di féno	botte de foin	háce de héno
corridóre	coureur	corredór
cauál ruotáto : cauál pomáto	gris pommelé	rúcio rodádo
cauallo moréllo	moreau	morzillo
baio indoráto	bay claire	váyo claro
baio scúro	bay brun	vayo escúro
báio	bay	báyo
sáuro	alezan	alazán
sáuro mettallíno	alezan brûlé	alazán tostado
bugnola	picotin	celemín
caual pezzáto : caual pícca	pie	cauállo picazo
pettoróle	poitral	petrál

Italien	François	Espagnol
il páffo	le pas	el páffo
il trapáffo	l'entre-pas	el portante
fcapuzzáta	bronchade	tropeçón
coruétta	courbette	coruéta
repolóne	paffade	repolón
capriöla	capriole	cabriolas
vna vólta	vne volte	buélta
vna fpezzáta	demie volte	media buélta
impinarfi : inarbo-rárfi	fe dreffer	empinárfe
il trotto	le trot	el tróte
galóppo	galop	galópe
cálcio	ruade	coz
carriéra.	carriere.	carréra.

Dello Spetiáro.	Pour l'Effpicier.	Del Efpeciéro.
Antimónio	Antimoine	Alcohól
cáffia	caffe	caña fiftola
céra	cire	céra
tártaro di botte	crefme de tartre	rafúra de cúba
vifco	glu	liga
zucco di regalítia	jus de regliffe	orófuz
zúghero	liege	corcho
manna	manne	mána
pépe : péuere	poivre	pimiénta
péce	poix	péz
vitriólo	vitriol	vitriólo
zúcchero	fuccre	açúcar
zúcchero cándito	fuccre candy	açúcar piedra
nocicóncie	noix confites	nuezes almiuará-das

Italien.	François.	Espagnol.
múſchio	muſc	almizque
mírra	myrrhe	myrra
nocé muſcáta	muſcade	nuez moſcáda
ſolimáto	ſublimé	ſolimán
rubárbaro	rhubarbe	ruezbárbo
ſalſa paríglia	ſaſſepareille	çarçaparílla
chína	eſquine	quína
gómma	gomme	gómma
legno ſanto	gayac	palo ſánto
incénſo	encens	enciénſo
ſpezzáme	caſſonade de ſuccre	açúcar deſpeda-çado
ziberto	ciuette	algália
garófano	cloud de giroffle	clauo de eſpécias
cannélla	cannelle	canéla
criſtálle minerále	criſtal mineral	cryſtál minarál
ſpetieríe	eſpices	eſpecierías
vn ſirópo: ſilóppo	vn ſirop	xaráue
vnguénto	vnguent	vnguénto
ſeringa	ſiringue	xirínga
penneti	des tablettes	tablétas
potióne: beuánda	breuuage	beuída
elettuário	eleɛtuaire	letuário
píllole	des pillules	píldoras
conſerua	conſerue	conſeruas
ſeruitiále	lauement	ayúda
empiaſtro.	emplaſtre.	bízma.

Del Notário.	Du Notaire.	Del Notario.
Appellatióne	*Appel*	Apelatión
cómpra	*achet*	cómpra
citatióne	*adjournement*	citación
caftigo	*chaftiment*	caftigo
compréffo	*compromis*	compromíffo
fcrîtta	*bail*	entrégo
fio : condanna	*amende*	enmiénda
ficurtà	*caution*	fiánça
contrátto	*contract*	pàto : contracto
le fpéfe	*les defpens*	cófta
indúgio	*delay*	plaço : dilatión
vn drîtto	*vn droict*	derécho
impreftaménto	*emprunt*	empreftîdo
vna cópia	*exploit de Sergent*	ácto
vn mandáto	*ordonnance*	mandádo
querélla	*plainte*	querélla
lîte	*procez*	pléyto
pólizza	*promeffe*	cédula
ceffióne	*quittance*	quitación
mandato d'incar- ceraménto	*vne prife de corps*	mandado de en- carcelamiento
entráta	*reuenuë*	entrádas
vna fúpplica	*vne requefte*	petición
depófto	*démis*	depuéfto
mezzáno	*entremetteur*	medianéro
eftratto	*extrait*	cópia
vn malleuadóre	*vn garand*	valedòr : fiadór
pupîllo	*pupile*	pupîlo
heréde	*heritier*	heredéro

Italien	François	Espagnol
dispáccio	dèpesche	despácho
inchióstro	encre	tínta
pénna	plume	plúma
tempererîno	canif	gañiuére
cancéllo	escritoire	tintéro
vn piégo: vn fáscio	pacquet de lettres	pliégo
il contenúto	le contenu	contenído
sugéllo : sigillo	cachet	séllo
domãdar perdono publicaménte	amende honorable	enmienda públic
gabélla	gabelle	pécho
dátio	dace	alcauála
memoriále : supplicatione.	placet.	memoriál.

Vccellatóri : Cacciatóri : Pescatori.	Oiseliers : Chasseurs : Pescheurs.	Parançéros: Caçadóres : Pescadóres.
Richiámo	Appeau	Reclámo
quagliére	Appeau de cailles	reclámo de codornízes
gábbia	cage	jáula
posatòio	baston de cage	
vccelliéra	voliere	biuár de auer
gàbbia scaricatóia	trébuchet	armandíja
pértica	perche	alcandára
rèti	filets	rédes
víschio	glu	líga
panía	la peau qu'on met la glu	el pel
láccio	piege	piguéla

Italien.	*François.*	*Espagnol.* 71
áccia	chasse	cáça
orme: pedáte: trá-cia	traces	pisádas
térco	fiente	estiércol
raníggia: ballíni	dragée de plomb	gragéa de plómo
piédo	espieu	venáblo
ánna da pescáre	ligne	sedál
ámo	hameçon	ançuélo
álla.	nasse.	redejón.

Città, stráda, piázza, ed altre particularità.	*Ville, ruë, place, & autres particularitez.*	Cyudàd, cálle, pláça, y otros particularidades
Città	*Ville*	Cyudàd
Cittadíno	*Bourgeois*	Ciudadáno
múro	*muraille*	múro
óßo	*foßé*	foßo: cáua
aluárdo	*boulevard*	baluârte
órre	*tour*	torre
merlo della murá-glia	*creneaux*	álména
erra-piéno	*terre-plain*	terra-pléno
artigliería	*artillerie*	artillerìa
entinélla	*sentinelle*	sentinéla
la rónda	*la ronde*	ronda
ponte-leuatóio	*pont-leuis*	puente-leuadíça
porta	*porte*	puérta
Palazzo Reále	*Palais Royal*	Alcaßàr: Palacio Reàl
piazza	*place*	pláça
mercáto	*marché*	mercádo

Italien.	François.	Espagnol.
la fiéra	la foire	férias
trébbio : viacróce incrociata	carrefour	encruzijâda
ftrada	ruë	calle
chiaffuólo : ftrada fenza úfcita	cul de fac	calle fin falîda
contrâda : côtorno	quartier de Ville	bârrio
borgo	faubourg	arrabâl
Collégio	College	Colégio
Chiefa	Eglife	Ygléfia
il dômo	la principale Eglife de la Ville	Ygléfia mayôr
Monaftério	Monaftere	Monaftério
paéfe	païs	pais : tierra
Prouincia	Prouince	Prouíncia : Comârca
Reâme : Regno	Royaume	Réyno
Império	Empire	Império
República	Republique	República
trinciéra	tranchée	trinchéra
Parócchia	Paroiffe	Pariôquia
Tefôro	Efpargne	Teforo
Arfenále	Arfenal	Arfenàl
cantonâta di ftrada	coin de ruë	efquîna
Domînio	Domaine	Señôrio
Gouérno	Gouuernement	Gouérno
Signorìa	Seigneurie	Domînio
Podére	Meftairie	Quinta
Feudo	Fief	Feudo
Contado : Villa	Village	Aldèa
Ducâto	Duché	Ducádo
Contéa	vne Comté	Condâdo
Principâto	Principauté	Principâdo
Ammiragliâto	Admirauté	Almirantâzgo

Macéllo

Italien	François	Espagnol
Macéllo	Boucherie	Carnicería
Rigaterìa	Fripperie	Calle de regatónes
il laſtricáto : mat- tonato : ſelciato	le pavé pavé	calle empedráda
ſélcio		ladríllo
ſcolatóio : fogna	eſgouſt	deſaguadéro
fángo	crotte	cazcarria
molino à (e) da vento	moulin à vent	molino de viento
molino d'acqua	moulin à eau	hazeña
Cámera de' Conti	Chambre des Cõptes	Cámera de Cuétas
Cámera delle In- chiſte	Chãbre des Enqueſtes	Sala de Peſquiça
la grand Cámera	la grand' Chambre	Sala de Alcaldes
la Cámera del Conſeglio	la Chãbre de Conſeil	Sala de Conſejo
Barráca : bariera	Barriere de Sergens	Lonia
fóndaco	Halle	lonia
ripáro	rampart	pertrécho
girella	moulinet	tòrno
Marcheſáto	Marquiſat	Marqueſado
magazíno	magaſin	almazén
ridótta	redoute	redúto : rauelín
cortina	courtine	cortína
fortézza : rocca	fortereſſe	fortaléza
la Zécca	la Monnoye	la Seca
la Borſa	le Change	Bolſa : Lonja
il molo	le quay	muelle
arringhiera	le lieu où on plaide	antipécho de la audiéncia
dozzîna	penſion	pupiláge
Lazaréto	Maiſon pour les ap- peſtez	caſa de S. Lázaro
la Scriuanìa	le Greffe	la Eſcriuanía

Italien	François	Espagnol
béttola	Gargoterie	bodegón
il banco	l'estau de Boucher	taión de carnizéro
vn rialto	relief de pont	búlto de puente
vsciolo : postéllo	guichet	postígo
hospedále de matti.	petites maisons.	hospital de los locos.

Particularità delle Case in Villa.	Particularitez des Maisons aux Champs.	Particularidad de las Casas en Vega.
Colombáro : colombára : colombáio	Colombier	Palomár
Mandra	Bergerie	Majáda : rébaño
arátro	charruë	arádro
correggiáto	fleau	curriaga
fórca	fourche	hórca
vánga	besche	pàla, açadón
falce	faux	guadáña
tína	cuue	tina : cuba
imbotitóio	entonnoir	enuasadór
torchio : tórcolo : torcoláre	pressoir	lagár
terreno smosso	terre désfrichèe	tierra roçáda
cesta	pannier	césta : orón
graticcia	claye	çárzo de vergas
páschio : páscolo	pasturage	pasto
zappóne : piccone	houyaux	çapa
stálla	estable	estáblo
fiéno : feno	foin	héno
giógo	ioug	yúgo
arnia.	ruche.	colména.

Metálli e minerali.	Metaux & Mineraux.	Metáles y mineráles.
Bronzo	Bronze	Brónze
alchimia	cuiure blanc	alquimia
lume di rócca	alun	alúmbre
rame giállo	airain	arámbre
ottóne	laiton	latón
fil di ferro	fil d'archal	hilo de alambre
làta	fer blanc	hoia de lata
smálto	esmail	esmálte
ferro	fer	hiérro
ràme	cuiure	cobre : açofar
acciáio	acier	azéro
argénto	argent	pláta
òro	or	oro
argento víuo	vif argent	azógue
fàle	fel	fal
zólfo	fouphre	açufar
piómbo	plomb	plomo
ftagno	eftaing	eftáño
fcúria	efcume des metaux	efcória
rúgine	roüille	herrúmbre
nítro : falnítro	falpeftre	falítre
lega di metallo.	aloy.	quiláte.

Del Giuoco.	Du Icu.	Del Iuégo.
Vn volo	La volée	Boléo
cáccia	chasse	chaça
fállo	bisque	yerro
del pari	but à but	de parejas
quindeci	quinze	quinze
trenta	trente	treynta
trenta-cinque	trente-cinq	treynta y cinco
quaranta	quarante	quarénta
quaranta cinque	quarante-cinq	quarénta y cinco
à due di trenta	à deux de trente	à dos de treynta
à due di quaranta	à deux de quarante	à dos de quarenta
reuínta	reuanche	desquíte
la táuola	l'ais	la tábla
gallería	gallerie	passadízo
il bucco grande	la grille	hóyo
il tetto	le toit	tejado
il buco pícolo	le petit trou	hóyo pequeño
palla corda	la paulme	juego de pelota
la pilótta	la longue paume	largo juego de pelota à la Francesa
palétta	battoir	paléta
bracciále	brassal	braçaléte
pallóne	balon	pelota de viénto
gonfiatóio	seringue	xirínga
bóccia	boule	bóla
berságlio	le but	híto
maglio	mail	juego de palemálla
triónfo	triomphe	trúnfo
tre pári	au tricon	tres parejas

| --- | --- | --- |
gli scàcchi	les eschecs	axedéres
il Rè	le Roy	el Réy
Alfíno	Cheualier	Arfíl
vn fánte	vn valet	sôta
à chi perde leua	à cul leué	à quien pierde-quita
vn asso	vn as	vn as
fióri	trefle	flóres
pìche	pique	espádas
cuóri	cœur	coraçónes
quàdri	carreaux	quádros
mazzo di carte	vn jeu de cartes	barája de náypes
pátta	cartes pareilles	paréjas
márcio	capot	capóte
à mónte	à refaire	pata
vn repíco	vn répic	repíque
vn picchétto	vn piquet	piquete
leuar le carte	couper	alçár el náype
il trúcco	le billard	juego de trúcos
vn trucco	vne bille en ioüant	vn trúco
palla	bille	bírlo
il maglio	le billard pour passer la bille	paléta
ai dádi	aux dez	à los dádos
alla raffa	à la raffle	à la rífa
sbarraglino	tric-trac	tocadillo
alle táuole	aux Dames	juego de tables
pari ô caffo	pair ou non	páres ô nónes
giglio ô santo	croix ou pile	castílla ô lión
alle lastre	au palet	al marro
la ciécca.	colin-maillard.	à la gallína ciega.

Certi ordigini, e ſtromenti.	*Certains outils & inſtrumens.*	Ciertas alhajas. e inſtrumentos.
Triuéllo	*Perçoir*	Barréno
martéllo	*marteau*	martíllo
maciúlla	*maſchoir de lin*	macha para mu-gullár
lima	*lime*	lima
lima fórda	*lime ſourde*	lima ſurda
ſpazza fórno	*vn fourgon*	barredéro de hor-no
vn' àccia	*vne hache*	ſegúr : deſtrál
biéta : zeppo	*coin à fendre du bois*	cuña
ſcardáſſo	*carde à carder*	cardadéra
ſcarpello	*vn ciſeau*	formón : ſinzél
léſina	*aleſne*	alézna
buratéllo	*bluſteau*	arinàl : ſedáço
tauoláto	*eſchaffaut de Maçon*	tabládo
fornáce	*fournaiſe*	frágua
fornéllo	*fourneau*	horníllo
orroíuolo	*horloge de ſable*	relóx de arena
ingégno	*vn reſſort*	engéño
l'ingégno	*le mouuement d'vne horloge*	engéño
piegamóla	*le reſſort d'vne ſer-rure*	muélle
vna ſlítta	*traiſneau*	ràſtra
battipálo	*mouton à enfoncer*	maçòn
moſtra	*montre*	relox de faldri-quéra
lettíca	*littiere*	litéra

Italien	François	Espagnol
horológgio	une horloge	horolóx
vna bara	un brancart	àndas
carrióla	une brouette	carretón
carétta	charette	carréta
rampíno	crampon	escárpia : ramplón
vn palco	un eschaffaut	cadahálso
ftampa	preſſe d'vn Impri-meur	emprénta
ciféllo	ciſeau à ciſeler	finzél para finzelár
mazzuóle	cheuilles à faire des dentelles	clauijas por hazer púntas
l'incúdine	l'enclume	yúnque
ferro d'arricciár capégli	fer à friſer	encrefpadór
lardaruóla	une lardoire	aguja de lardár
peftaruóla	un hachoir	açuéla
fpuóla : nauicélla	nauette de Tiſſerant	lançadéra de texedór
mannara	une plane	cepíllo : plana
vn drizza (leua) baſétte	un releue mouſtache	alçár los bigótes
vna ráfpa	une raſpe	rállo : ráfpa
tanáglie	tenailles	tenázas
mantíce	foufflet	affopladór : fuelle
féga	une ſcie	fiérra
vn ruolo	vn rouleau	rodillo
ferménto	leuain	leuadúra
málta	mortier	almiréz
carráta	chartée	carretáda
fpágo	ficelle	hilo de cáñamo
grembiále	tablier	mochíla : mandíl
berlína	carquant	argóllo de róllo
tratto di córda	eſtrapade	garrúcha
torménto	gefne	pótro

Italien.	François.	Espagnol.
stampélle	potences de boiteux	muleta de côxo
farcitúra	rentraiture	zurzidúra
valígia	valise	alforja : maleta
giro delle fçarpe	la trepointe	vira de çapato
témpra	trempe	remô, o : tèmple
vna portata d'ac-qua	vne voye d'eau	cargáda de áqua
la sférza	le fouet	açôtes
vna carrata di le-gna	vne voye de bois	carretáda de leña
cifelatúra	cifelure	finfeladúra
vna cárica	vne charge	carga : oficio
grimaldéllo	passe par tout	lláue maéftra
forma di fcarpe	forme de fouliers	horma de çapátos
calzatóio	chauffe-pied	calçadôr
chiodo	cloud	cláuo
vn'alzána.	collier de cheual.	colléra.

Certi nomi ap-pertenenti alla Chiefa.	Certains noms appartenans à l'Eglife.	Ciertos nõbres partenecientes à la Yglefia.
Vn Mortório	Vn mortuaire	Mortuôrio
offéquie	enterrement	entiérro
ufficio per i morti	le feruice des Morts	endéchas
l'anniuerfário	le bout de l'an	anniuerfário
camifciótto	le furplis	fobrepellíz
la còcolla	le froc	efcapulário
vna badia	vne Abbaye	abadía
còro	chœur	coro
capélla	chapelle	capílla
la pila de l'acqua fanta	le beniftier	pila de aqua ben-dita

Italien.	François.	Espagnol.
l'acqua ſanta	l'eau beniſte	aqua bendita
vna cella	une cellule	cèlda
refettório	refectoire	refetôrio
ferriáta	grille	rèᵒa
Romitório	Hermitage	Hermita
cimitério	cimetiere	cimentério
ſepólcro	ſepulchre	ſepultúra
catalétto	ciuiere à porter les morts	àndas de muertŏ
caſſa di mortŏ	la biere	ataud
Càlice	Calice	Càliz
Hòſtia	Hoſtie	Hòſtia
Mìtra	Mitre	Mìtra
Pianéta	Chaſuble	Caſúlla
Stóla	Eſtole	Eſtóla
zòccoli	ſandales	ſandálos
Matrimónio	Mariage	Matrimónio
Battéſimo	Baptéſme	Bautíſmo
Mattutíno	Matines	Maytínes
Epíſtola	Epiſtre	Epíſtola
Euangélo : Euangelio	Euangile	Euangélio
Compiéta	Complie	Complétas
Tomba	Tombe	Tùmba
Reliquiário	Reliquaire	Relicário
Turríbulo	Encenſoir	Incenſário
Arciueſcouáto	Archeueſché	Arçobiſpádo
Veſcouáto	Eueſché	Obiſpádo
Diocéſe	Dioceſe	Diocéſis
Canonicáto	Chanoinerie	Calongía
Prioráto	Prioré	Priorado
Campaníle	Clocher	Campanário
Pùlpito : Bérgamo	Chaire à Preſcher	Pùlpito
Altáre	Autel	Altár

Italien	François	Espagnol
Tabernácolo	Tabernacle	Tabernáculo
Sagreſtía	Sacriſtie	Sacriſtía
Crocifiſſo	Crucifix	Crucifixo
Caſſétta della límoſina	le Tronc	Cepo para limóſnas
vn cèro	vn cierge	cìrio
campána	cloche	campána
baldacchíno	le dais	doſél
Proceſſióne	Proceſſion	Proceſſion
Piouáno	Curé	Cùra
pradélla	marche-pied	peaña
Pontificáto	Pontificat	Pontificádo
Cardinaláto	Cardinalat	Cardenaládo
panno da morto.	poiſle de mort.	pañosde entíerros.

Coſe appertenenti all' huomo.	Des choſes appartenantes à l'homme.	Coſas partenecientes al hombre.
Il penſiére	La penſée	Penſamiénto
l'intellétto	l'entendement	ſeſo: entédimiénto
l'ánima : àlma	l'ame	el àlma
il giuditio	le iugement	el juízio
la ragione	la raiſon	razón
il ſenno	iugement : ſens	juízio
lo ſtarnúto	l'eſternuëment	eſternúdo
le lágrime	les larmes	làgrimas
il rìſo	le ris	rìſa
il ronfiáre : roncheggiáre	le ronflement	ronquido
lo ſciliguaménto	le begayement	ceceamiénto
il tartagliáre : tartágio	begue	tardamúdo

Italien	François	Espagnol
lo fbadaglio	le baaillement	boftézo
la ftatura	la taille	eftatúra : talle
il fónno.	le fommeil.	fuéño.

Italien	François	Espagnol
L'età dell' huomo, con certe particolarità.	L'âge de l'homme, auec certaines particularitez.	La edad del hómbre, con ciertas particularidades
Vecchiáia : Vecchiézza	Vieilleffe	Vejéz
canúto	chenu	cano
vécchio	vieillard	viéio
vécchia	vieille	viéja
pícciola età	bas âge	pequéña edàd
giouentù	ieuneffe	mocedàd
vèdoua	veufue	viúda
vèdouo	veuf	viúdo
pettégola	coquette	cendolílla
tiláto : zerbíno : ciuettíno	ieune muguet	pifauérde : mugeriégo : galancéte
il primo náto : il maggiór náto	l'aifné	mayorazgo : primogénito
il fecondo náto	le puifné	hijo fegundo
l'ùltimo náto	le cadet	hijo menór
attempáto	âgê	viéjo
vecchio rimbãbíto	vieillard en enfance	viejo niño
huómo	homme	hombre : varón
dònna	femme	mugér : hembra
donnáccia	mefchante femme	mugér de poco tomo
huomáccio	mefchant homme	hombre de poco tomo.
bambíno	enfant	niño : moçuélo

Italien.	François.	Espagnol.
pùtto	garçon	muchácho
fanciúllo	ieune garçon	moço
fanciúlla	ieune fille	moça
puttína	fillette	muchácha
vn gióuene	vn ieune homme	mancébo
vna gióuane da marito	vne ieune fille à marier	donzélla
fanciullézza	enfance	niñéz
vn vèdouo	vn veuf	viudo
vna vèdoua	vne veufue	viuda
huomo ammogliato	homme marié	hombre casáda
donna maritáta	femme mariée	mugér casáda
vn vèrgine	puceau	vìrgen
vna zitélla	vne pucelle	donzélla
scapolo	ieune, ou vieux garçon	soltéro : soltéra
ṅáno	ṅain.	enáno.

Del Mèdico: Girúgico.	Du Medecin: Chirurgien.	Del Medico: Cirujáno.
Empiástro	Emplastre	Parche
bàgno	bain	baño
bolo	bolus	bolo
píllole	pillules	pìldoras
ranno	lexiue	coláda
stilo	sonde	tienta
stucco	estuy	estúche
frittione	friction	fregamiénto
benda	bande	faxa
fila	charpie	hilázas

Italien.	François.	Espagnol. 85
pezza	compresse	cabeçaléjo
rassóio pìcciolo	bistory	nauaja pequéña
spátola	espatule	espátula
ventóse	ventouses	ventósas
molettíne	pincettes	tenazuélas
fardello	trousse de Barbier	lio
elettuário	electuaire	letuário
essenza	essence	essencias
decótto	decoction	decoczión
lancetta	lancette	lancéta
cataplasmo	cataplasme	emplástro
lenitíuo	lenitif	lenitíuo
confortatíuo	confortatif	confortatíuo
salásso	saignée	sangría
salassáre	saigner	sangrár
siróppo	sirop	xaráue
vomitório	vomitoire	vomitório
gargarísmo	gargarisme	gargarísmo
ingettióne	injection	injectión
tásta	tante	mecha
cauterio: fótanélla.	cautere.	cautério.

Professione, e dignità temporále.	Profession, & dignité temporelle.	Profession, y dignidád temporàl.
Tresoriére	Tresorier	Tesoréro
Consegliére	Conseiller	Consejéro
Prepósto	Preuost	Alcálde
Datiário	Receueur des Tailles	Pechéro
Bergéllo	Preuost des Archers	Prepósto Căpéro
Sbírro	Sergent	Corchéte: Alguazíl
Carceriére	Concierge	Carceléro

Italien	François	Espagnol
vn Aiutánte	Commis	Substitútos
Podestà	le Bailly	Miniſtro de Iuſtícia
Conteſtábile	Conneſtable	Condeſtáble
Par di Francia	Pair de France	Par de Francia
Mareſcállo di Francia	Mareſchal de France	Mariſcál de Francia
Agénte	Agent	Agénte
Ambaſciatóre	Ambaſſadeur	Ambaxadór
Imperatóre	Empereur	Emperadór
Imperatrice	Imperatrice	Emperadríz
il gran Cane	le grand Cam	Can
Préncipe	Prince	Príncipe
Prencipéſſa	Princeſſe	Princéſſa
Vicerè	Viceroy	Viréy
Dùca	Duc	Dùque
Duchéſſa	Ducheſſe	Duquéſa
Arcidúca	Archiduc	Archidúque
Arciduchéſſa	Archiducheſſe	Archiduquéſa
Reſidénte	Reſident	Reſidénte
Camerléngo	Chambellan	Camaréro
Intendénte	Intendant	Intendénte
Sorintendénte	Surintendant	Sobre eſtánte
Preſidénte	Preſident	Preſidénte
Giúdice	Iuge	Iuèz
Prigioniére	Priſonnier	Encarceládo
Scriuáno	Greffier	Eſcriuáno
Poſtemáſtro	Maiſtre des Poſtes	Corréro mayór
Scriuáno	Clerc	Eſcriuiénte
Secretário	Secretaire	Secretário
Fiſco	Procureur Fiſcal	Procuradór Fiſcál
Aduocáto	Aduocat	Abogádo
Secretário di Stato	Secretaire d'Eſtat	Secretário de Eſtado
Capo cáccia	le grand Veneur	Caçadór mayór

Italien.	*François.*	*Espagnol.*
Procuratóre	*Procureur*	Procuradòr
Borgomaéstro	*Bourgue-Maistre*	Borgomaésso
Cancelliére	*Chancelier*	Chancillér
Marchèse	*Marquis*	Marqués
Marchèsa	*Marquise*	Marquésa
Baróne	*Baron*	Baròn
Baronéssa	*Barone*	Baróna
Sinifcálco	*Seneschal*	Corregidór de Prouincia
Solecitatóre	*Solliciteur*	Solicitadór
Notáro	*Notaire*	Notário
Protonotário	*Protonotaire*	Protonotário
Luogotenénte	*Lieutenant*	Lugártiniente: Tiniénte
Caualliére di qualche òrdine	*Cheualier de quelque Ordre*	Caualléro de alcuna òrden
Cònte	*Comte*	Cònde
Contèssa	*Comtesse*	Condéfa
Rè: Regína	*Roy : Reyne*	Rèy: Rèyna
Podestà: Gouernatóre	*Gouuerneur de Ville*	Regidòr : Alcálde
Custóde de' Sigílli	*le Garde des Sceaux*	Guarda Séllos
Prepósto de gli Schiauíni	*Preuost des Marchands*	Prepósito de Mercadéres
Scultétto.	*le Maire de Ville.*	Alcálde de la Ciudád.

Professori d'Arti e Sciéze.	*Professeurs d'Arts & Sciences.*	Professóres de Artes y Sciécias.
Médico	*Medecin*	Mèdico
Chirúgico: Cirúgico	*Chirurgien*	Cirujano

Italien.	Françoıs.	Eſpagnol.
atóre	Procureur	Procuradòr
naéſtro	Bourgue-Maiſtre	Borgomaéſſo
liére	Chancelier	Chancillér
êſe	Marquis	Marqués
êſa	Marquiſe	Marquéſa
	Baron	Barón
ſſa	Barone	Baróna
lco	Seneſchal	Corregidór de Prouincia
atóre	Solliciteur	Solicitadór
o	Notaire	Notário
notário	Protonotaire	Protonotário
tenénte	Lieutenant	Lugártiniente: Tiniénte
liére di qual-órdine	Cheualier de quelque Ordre	Caualléro de alcuna òrden
	Comte	Cònde
ſſa	Comteſſe	Condéſa
egína	Roy : Reyne	Rèy : Rèyna
tà : Gouer-óre	Gouuerneur de Ville	Regidòr : Alcálde
de de' Sigílli	le Garde des Sceaux	Guarda Séllos
ſto de gli auíni	Preuoſt des Marchands	Prepóſito de Mercadéres
tto.	le Maire de Ville.	Alcálde de la Ciudád.

ofeſſori ti e Sciéze.	Profeſſeurs d'Arts & Sciences.	Profeſſores de Artes y Sciécias.
édico	Medecin	Mèdico
agico : Cirú-o	Chirurgien	Cirujano

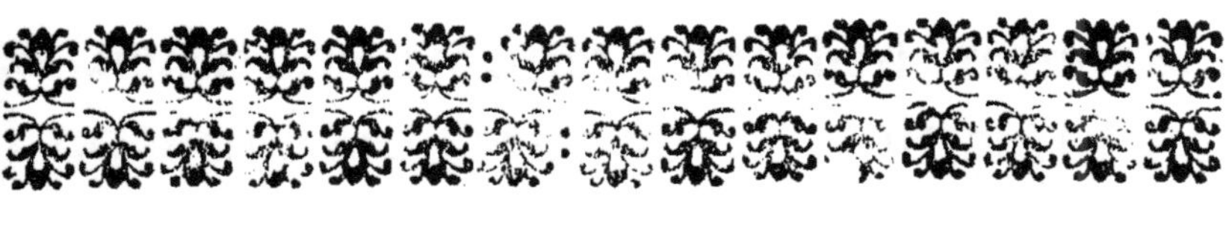

ADVIS AV LECTEVR.

Ecteur, si dés l'année passée ie t'ay pre-
senté vne Grammaire Italienne qui
ne t'a pas déplu, ie me persuade que tu ne
desagréeras pas à present cet Ouurage, que
ie mets au iour, puis qu'il te doit donner la
connoissance d'vne Langue, dont ie t'ay
desia clairement enseigné les Preceptes:
Mais comme toutes les Sciences ont leurs
épines dans leurs commencemens , &
qu'elles rebutent ordinairement les hom-
mes, si l'on n'y mesle vn peu de roses ; I'ay
iugé à propos de ioindre icy le délectable à
l'vtile, afin qu'en t'instruisant tu trouues
dequoy te diuertir en mesme temps, & que
le plaisir de l'vn adoucisse l'ennuy de l'autre.
I'ay donc diuisé ce Liure en quatre Parties.
La premiere qui contient vne Nomencla-
ture exacte & necessaire des Noms propres

ã ij

de toutes chofes en François, en Italien, &
en Espagnol, te donnera des lumieres fi
grandes de ces deux dernieres Langues
que tu pourras te rendre en peu de temps
capable de les parler. La feconde eft vn
Recueil de Prouerbes Italiens & François,
fpecialement de ceux qui font le plus en
vfage, & dont on fe fert dans les entretiens
ordinaires; que tu ne dois pas ignorer, fi tu
veux paffer pour intelligent parmy ceux
qui en fçauent les beautez & les délicatef-
fes. La troifiéme, qui n'eft pas moin
agreable qu'inftructiue, ne comprend que
certains Dialogues des fept Arts liberaux
dont la nouueauté te furprendra fan
doute, puis qu'il eft peu d'Autheurs mo-
dernes qui fe foient aduifez d'efcrire en ce
genre; Mais ce qui te doit particuliere-
ment plaire, ce font les Contes facetieux
& les Hiftoires recreatiues qui compofent
la quatriéme Partie, puis qu'outre le plai-
fir que tu receuras en les lifant, ou les reci-
tant dans les bonnes compagnies, tu te ren-

dras infenfiblement parfait en ces belles Langues familieres. Apres tout, comme elles font aujourd'huy les delices de la Cour, & qu'il n'eft guere de Perfonnes, pour peu qu'elles ayent de commerce auec le beau Monde, qui ne les fçachent, ou ne les apprennent; I'efpere que tu me fçauras bon gré, fi ie contente en cela ta noble curiofité, & fi ie te découure des fecrets que ne t'ont iamais découuert les plus grands Maiftres. En tout cas fi tu rencontres par hazard des difficultez qui t'arreftent, & que tu me iuges capable de t'en donner l'éclairciffement, fçaches que ie te fuis entierement acquis, & que ie feray toufiours gloire de te rendre feruice, pourueu que ton merite me foit connu, & que i'aye auffi quelque part à ton eftime. Cependant fi tu trouues en quelques endroits des façons de parler Italiennes & Efpagnoles, qui ne s'accordent pas fi exactement auec leur verfion Françoife; fouuiens-toy que i'y ay pourtant apporté tout le foin qu'il m'a efté

poſſible ; & que ces Langues ayant vn
tour particulier qu'on ne peut pas donner à
celle-cy, il eſt malaiſé de rencontrer mieux,
& d'y donner vne explication plus fidele.
C'eſt ce que i'auois à te dire touchant mon
Liure, reçois-le d'auſſi bon cœur que ie te
le preſente, & tu m'obligeras quelque iour
de mettre ſous la Preſſe des Ouurages que
ie médite, & que tu ne iugeras peut-eſtre
pas indignes de ta lecture.   Adieu:

Priuilege du Roy.

LE Roy par ſes Lettres Patentes données à
Paris au mois d'Aouſt 1658. ſignées GVI-
TONNEAV, a permis à Iean Baptiſte Loyſon,
Marchand Libraire à Paris, d'imprimer, vendre,
& debiter durant le temps & eſpace de ſept ans
entiers & accomplis, diuers Traittez de la com-
poſition du ſieur Giulliani, intitulez *La Nomen-*
clature, *les Prouerbes*, *les Dialogues*, *& les Recrea-*
tions, Italiens, François, & Eſpagnols ; & cepen-
dant defenſes ſont faites à tous Imprimeurs ou
Libraires, d'imprimer, vendre, ny diſtribuer leſ-
dits Traittez, ſans le conſentement de l'Expo-
ſant, ou de ceux qui auront droiɕt de luy, à peine
de cinq cens liures d'amende, & de tous deſpens,
dommages & intereſts, & confiſcation des
exemplaires contrefaits, ainſi qu'il eſt plus au
long porté par leſdites Lettres.

Acheué d'imprimer le 4. Nouembre 1658.

Les Exemplaires ont eſté fournis.

DIALOGVE I.	DIALOGO I.	DIALOGO I.
De voyager, auec autres choses appartenantes. Iean Bentiuoglio. Donat.	Del viaggiare con altre cose appartenenti. Giouanni Bentiuoglio *Donato.*	*Del Hazer viaje, con otras cosas pertenecientes.* Iuan Bentiuoglio. Donato.

G. **B**On iour Monsieur.

D. Bou iour mon tres cher Monsieur.

G. Ou vous acheminésvous Monsieur auec tant de haste.

D. Vers voftre maison pour vous parler (& m'aboucher) auec vous, si ie ne vous eusse rencontré icy.

G. Quelle en est la cause, si on la peut sçauoir.

D. Ie vous la diray mais a condition que cela n'aille pl⁹ outre.

G **B**von di a *V. S. sig.*

D. *Buon giorno a V. S. carissimo signore.*

G. *Doue s'è auuiata V. S. cosi in fretta?*

D. *Alla volta di casa sua per abboccarmi con esso lei. se nõ l'haueßi rincontrata qui.*

G. *Che n'è la cagione se si puo sapere?*

D. *Gliela dirò, ma con tal si che non paßi piu innanzi.*

G. **M**Vy buenos dias de dios à V M.

D. Buenos dias mi muy amado señór.

G. A do se a encaminado (endereçado) V. M. ayna (con tanta priesa)

D. Azia su casa, para hablar con el, se nò le topara aqui,

G. Que ocasion le truxo V M. si se puede sauer?

D. Yo se le diré a tal que no vaya mas adelante.

G. Vous ſçauez
bien l'obligatió
que i'ay à Mó-
ſieur N. il me
veut faire gou-
uerneur de ſon
fils, afin que ie
le mene par le
monde.

D. Belle rencon-
tre Monſieur,
pourueu qu'il
vous donne
bon ſalaire, &
qu'il vous pro-
mette encor
vne fois au-
tant de pre-
ſent, au retour

G. Ie l'accepte-
rois volótiers,
mais ie ſuis
trop vieux, &
ie ne puis ſouf-
frir le trot des
cheuaux, les
ſecouſſes des
coches, le
froid m'eſt có-
traire, la cha-
leur m'accable, le change-
ment de nour-
riture, & le

G. *V. S. ſà bene
l'obligo c'hò al N.
miſvuol far gouer-
natore del ſuo fi-
gliuolo accio che lo
meni pel mon-
do.*

D. *Bello ſcontro ſigr.
purche le dia
buon ſalario, e
prometta altro tã-
to dono al ritor-
no.*

G. *L'accettarei vo-
lontieri, ma ſono
troppo attempato,
e non poſſo ſoffrire
il trotode' caualli,
le ſcoſſe de' cocchi,
il freddo m'é con-
trario, il calore
m'opprime, il cam-
giamento del vi-
uere, e l'aria no-
ua mi cagionano
mil cattarri, ſi che
V. S. vede che
non ſò doue dar*

G. Y ſabe como
obligado eſtoy
al ſenòr T. (co-
mo le ſoy en
cargo) me quie-
re hazer Aio
de ſu hijo pa-
ra que le lleue
por el mundo
(para qne le
lleue de cami-
no.)

D. Linda occa-
ſion ſenòr, co-
mo le dé buen
ſalário (eſti-
pédio y ofreſ-
ca dos tantos
a la buelta.

G. Le aceptara de
buena gana,
mas ſoy de ma-
ſyado viejo
(me voy parã-
do viejo) y no
puedo pade-
cér el trote de
los cauallos,
los vaybenes
(ſacudidas) de
los coches, el
fryo me es có-
trario, el calor
me opprime,

François.

changement d'air me cauſent milles rhumes, tellement que vous voyez Monſieur, que ie ne ſçay de quel coſté tourner.

D. Les difficultez que vous m'auez propoſées font ſi grandes, que veritablemēt il y faut vne autre ceruelle que la mienne pour les reſoudre.

G. Ie me pourrois reſoudre à la fin a l'accepter, mais le Gentilhomme que l'on me donne eſt eſuanté outre meſure, ce qui me donne de la peine.

D. Ie vous l'aduoüe, que cet-

Italien.

di teſta,

D. Le difficoltà propoſte, ſono tante e tali, che veracemente ci vuol altra barba della mia a riſoluerle.

G. Mi potrei riſoluere alla fine d'accettarla. ma il gentilhuomo che mi ſi dà, è ceruellino fuora di, modo il che mi dà faſtidio.

D. Ve l'amerto che queſta carica porta

Eſpagnol.

la mudança del viuir, y el ayre nueuo chocarrean mil catarros (romadizos) de manera que vee que no ſè lo que me haga.

D. Ay tantas las difficultades propueſtas, que ſe va a dezir la verdad neceſitan otra caueça que la mia para reſoluellas.

G. Podria reſoluerme al cabo de acetalla, mas el hidalgo que me ſe da (que me dan) es cauecudo, de mas de marca) es cauecudo en eſtremo) loque me enfada.

D. Otorgole que

François.	Italien.	Espagnol.
te charge porte auec foy mille malheurs.	feco mille guai.	este officio, lleua con figo mil desdichas.
G. S'il entreprend vne querelle, s'il reçoit, ou s'il donne, vn démanty, ou bien vn foufflet, c'eft à moy à le tirer hors d'embarras auec hôneur.	G. Se toglie a far una quiftione fericeue, o dà vna mentita, o pure vna guanciata (moftaccione) ftà a me, a metterlo fuor d'impaccio con honore.	G. Se tiene pendencias (rayertas) fi recibe, o fe dà, vna defmentida, o vna bofetada (moxicon) a mi toca defemmareñarle con honrra.
D. Ie n'ay iamais efté gouuerneur, ny le fouhitte eftre, mais ie m'imagine, que le fardeau eft beaucoup plus grand que l'on croit.	D. Non fono mai ftato gouernatore, nè lo bramo, ma mi ftimo che fia vie maggiore la fomma di quello chi altri fi crede.	D. Nunca he fido Aio, ny le deffeo, mas hecho de ver que la carga fea mucho mayor de lo que fe cree.
G. Il n'y a rien à dirè, outre qu'il faut eftre fujet a rendre compte aux anceftres toutes les poftes, de ce qu'on dépenfe.	G. Non occorre a dire, oltre che bifogna effere foggietto a render conto a gli antenati ogni pofta, di quello che fi fpende.	G. Nò ay que dezir, à mas que (Allende que) es menefter de dar cuenta a los anejos cada pofta de lo que fe gafta.

Français.

D. Et apres leurs anceſtres s'imaginent parfoisque le gouuerneur ſe donne du bon temps enſemble auec le gentil homme.

G. Il n'y a point de doute, ſans y ſonger que les viures rancheriſſent tous les ans dás ces pays cy.

D. Quelle ſera doncvoſtre rereſolution.

G. Ie ne ſçay en verité, mais ie croy que tout d'abord, ie la luy refuſeray, & qu'il en cherche vn autre ou il voudra car ie ne me trouue pas propre a cela.

D. Vous ferez bien de vous repoſer dans voſtre vieilleſ-

Italien.

D. E poi i loro maggiori talhora credono ch'il gouernatore ſi dia buon tempo, inſieme col nobile.

G. Non v'hà dubbio: ſenza penſa rui che i viueri montano ogn' anno in queſti paeſi.

D. Che partito don que ſerà il ſuo?

G Non sò da douero, però credo che di bella prima, gliela riſiutarò, e che ne cerchi vn' altro oue gli parerà, perche mi trouo inatto acio.

D. Farà bene ripoſſarſi nella ſua vecchiaia (vecchieʒʒa) come ſi di-

Espagnol.

D. Y deſpues ſus mayores hechan de ver a ratos que el gouernador, ſe dé en verde junto con el hidalgo.

G. Claro eſtà ſin penſar que la biuienda (comida (encareſce, cada dia en eſtas tierras.

D. Que detérmîna hazer?

G. Nó sé de veras, mas creo que del primer encuentro, le rehuſarè, y que buſque otro a do quiere, porque no me hallo dieſtro por eſſo.

D. Muy bien harà de deſcanſarſe en ſu vejez como diz

A iij

Françoís.	Italien.	Eſpagnol.
ſe, comme on dit, qu'il n'y a point de plus grand threſor que la ſanté:& puis auez vous femme ou enfans ? à quoy dont tant de prine.	ee, che non c'è maggior teſoro della ſanità: e poi hà moglie lei, nè fanciulli ? a che prò donque tanta pena?	(dizen) ſe dize) que no ay mayor teſoro que la ſalud, y pues tiene muger el ny hijos ? pues que tanto trabajo?
G. Le voilà le voilà,qui vient vers nous auec la teſte baiſſée, marque que les affaires ne vont pas à ſa fantaſie, ie vous prie de ne luy point parler de cela.	G. Eccolo eccolo, che viene a l'inqua a capo chino,è ſegno che le coſe non vàno a ſuo modo, di gratia non gli parlate di queſto.	G. Veis le ay que viene àzia nos otros cabizbaxo, ſenàl que mal vâ por el, ruego nò le hable deſſo.
B. Voſtre ſeruiteur Monſieur Iean,comment vous vâ ?	B. ſeruitor di V.S. ſigr. giouanni,come ſtalla ?	B. Cryado de VM. don juan, como ſe halla?
G. Fort bien pour vous ſeruir, ſi vous me trouuez propre à cela (ſi vous m'en iugez capable)	G.Beniſſimo per ſeruirla, ſe mi troua buono (atto) a queſto.	G. Muy bien por ſeruille ſe me halla harto bueno por eſſo.
B. A la pareille	B. Contra cambio	B.En contra cam-

Françoіs.
mon maiftre.
G. Et vous com-
mét vous por-
tez vous?
B. Entre deux, le
cœur n'eft pas
ou qu'il vou-
droit eftre.
G. Qu'auez vous
donc?
B. Quand ie
croyois eftre
hors de pre-
cepteur, on me
veut mettre,
fous vn gou-
uerneur dans
mon voyage.
G. Si vous Sçau-
iez ce que
fert vn gou-
uerneur, vous
en feriez bien
aife de l'auoir
auec vous.
B. A quoy fert-
il, dites le moy
ie vous prie?
G. Premierement
il vâ auec tou-
te preuoyance
neceffaire, il
vous deftour-
ne des débau-

Italien.
patron mio.
G. E lei come ftà?
B. Cofi cofi, certo il
cuore non è doue
vorebbe effere.
G. C'hàlla donque?
B. Hora che mi cre-
deua effer libero
di precettore mi
vogliono mettere
fotto vn aio al
mio viaggio.
G. se lei fapeffe
quanto è gioueu-
ole vn gouerna-
tore ne goderia
hauerlo feco.
B. Che gioua, per dio
me lo dica.
G. Prima camina
con ogni auue di-
mento neceffario,
loritiene da ftra-
uizzi, non l'ab-
bandona in qual

Efpagnol.
bio mi fenòr.
G. Y el como le
và? (y el anda
bueno?)
B. Affi como affi,
el coraçon nò
eftà a do que-
ria.
G. Pues que tie-
ne.
B. Agora que
creya fer libre
de maeftro
(preceptor)
me quieren
poner de baxo
de vn aio en
mi viaje.
G. Si fupieffe
quan aproue-
chofo es vn
gouernador
holgaria de te-
nerlo con fi-
go.
B. Que aproue-
cha, por dios
me lo diga?
G. Por el prime-
ro camina con
toda prouiden-
cia neceffaria,
le apàrta de
traueffúras, nò

François.	Italien.	Espagnol.
ches , il ne vous quitte en quelque accident que se soit quand méme il y iroit de sa vie, bref, il vous assiste a quel prix que ce soit.	si voglia accidente, etiamdio che gli andasse la vita . in ristretto , l'assiste a tutti i patti.	le quita en qual quiera accidiéte, aunque deuiesse perdèr la vida , en suma, en qualquiera estado que estuuiere.
B. c'est quelque chose, mais il me semble que la liberté surpasse tout accident surnommé.	B. C'è qual che cosa, ma mi pare che la libertà soprauanzi ogni caso sopracennato.	B. Algo es , mas me parece que la libertàd soprapuja todo caso arriba dicho.
G. Monsieur ce sont des caprices des ieunes gens , qui les font oublier eux-mesmes.	G. Signore , questi sono ghiribizzi giouenili, che fanno scordar se stesso, sia detto con ogni rispetto.	G. Senòr estos son caprichos de moços, que hazen olbidar a si mismo, sea dicho . con todo acato, (acatamiento) con pardon)
B. Monsieur vous auez toute liberté de parler auec moy, & disposer de moy , comme d'vne chose qui vous est acquise.	B. V. S. hà autorità da parlare meco, e disporre di me, come di cosa sua.	B. V. M. tiene toda libertad de hablar comigo, y disponer de my , como de cosa suya.
G. Le cœur me le disoit , qu'il y	G. Il cuor mel dicéa che vi saran-	G. El coraçon me lo dezia , que aur

François.	Italien.	Espagnol.
auroit des brouilleries dãs ce voyage, il faut ſuiure pourtãt la volonté du Pere.	no bergoglierie in queſto viaggio, pero biſogna ſeguire la volontà del Padre.	aurà baralijas en eſte viaje, nò embargo es meneſter de ſeguir la gana de los padres (del padre)
B. Ie ſuis rauy quand l'occaſion ſe preſente de la faire.	B. Gongolo (traſecolo) quando l'occaſione ſi preſenta di farla.	B. Huelgome (arrebatado eſtoy) quando la occaſion ſe dà de hazella.
G. Ces jeunes fols, ſont cõme les fémes, qui s'attachét toûjours a leur pire. & la face deſquelles le plus ſouuent eſt faulſe.	G. Queſti giouanacci ſono come le fémine, che ſempre s'appigliano al loro peggio, i cui ſembianti per lo pui ſon falſi.	G. Eſtos jouenes tontos (bouos moços) cõmo las mujeres ſon, que ſe arriman ſiempre à lopeor, cuyos geſtos las mas vezes ſon falſos.
B. Monſieur ſi vo⁹ vouliez venir auec moy, vousme feriez grace particuliere, & le voyage me ſeroit fort agreable.	B. Se V. S. voleſſe andar con eſſo meco, mi faria gratia particolare, ed il viagio mi fora gratiſſimo.	B. Se V. M. quieſſieſſe yr comigo, me haria fauor particolar, y el viaje muy agradable.
G. I'en ſuis content, mais ie veux que vous viuiez à ma fantaſie, i'en auray plus	G. Ne ſon contento, ma voglio che faccia à mio ſenno, il che facendo n'hauró pui cura, che di me	G. Contento eſtoy, mas quiero que viua à mi mõdo lo quehaziendo,

B

soin que de moy-mesme.

B. Au nō de Dieu, quand voulons nous partir.

G. Tout beau, auant que de rien faire, ie veux que vous me donniez par escrit, que vous irez toujours auec moy le grand chemin, & que vous ne me ferez aucun tour en voyageant, comme vous estes accouftumé.

B. Donnons ordre premierement à noftre change, afin que nous le trouuions partout, & qu'il ne nous fasse languir, comme il arriue fouuent à la plus part des voyageurs.

Italien.

ftesso.

B. *Col nome di Dio, quando vogliamo essere di partenza?*

G. *Piano, auanti che farnulla, voglio che mi dia in iscritto, come andrà sempre meco per la piana, e non mi faccia qualche bella berta in camino, come è auezzata (solita)*

B. *Assi curiamo prima il nostro cambio accioche per tutto lo trouiamo, e non ci faccia languire, come suol accadere à la piu parte de gli viandanti.*

---

mas tendrè quidado que de mi mifmo.

B. Con en el nōbre de Dios (con pié derecho fea) quando queremos partir.

G. Paffo, antes que de hazer nada, quiero que me dé por efcrito, que yra tras la corriente comigo y no me haga alcun defcato en camino, como eftà accoftumbrado.

B. Pongamos orden antes à nueftro cange, a que le hallamos por todo, y nò nos haga languir, como fuele a contecer à la mayor parte de los caminantes camidantes.

François	Italien	Espagnol
G. Voyla qui est bien, & le premier soin que i'auray du voyage sera ce cy.	G. Stà bene, è la prima cura c'hauò del viaggio, sara questa.	G. Bueno està, y el primer cuidado que terne, sera esto.
B. Voyons auparauant ce qu'il y a à voir dans nostre pays, & apres nous songerons à celuy d'autruy	B. Vediamo prima, quel che c'é da vedere nel nostro paese è poi pensaremo a quello de gli altri.	B. Veamos antes lo que es a ver en nuestra tierra, y despues pensaremos a lo que và en la ajena.
G. Garçon vien ça, va voir au Messager, voiturier, cocher, combié de fois qu'il part par semaine, & s'il y a place pour nous quatre.	G. Ragazzo vien qua, va vedere al proccacio, vetturino, carre liere, quante volte parte la settimana e se c'è luogo per noi quattro.	G. Mochacho ven acà, anda ver al Messangèro, traginèro, cochèro, quantas vezes parte cada semana, y si' ay lugar por los quatro.
Ra. Le Messager dit qu'il part deux fois la semaine, & qu'il y a place de reste.	R.a. Il proccacio dice che parte due fiate per settimana, e che c'è luco da uazno.	R. El Mesangero dize, que parte dos vezes en la semana, y que la plaza sobra.
G. Ce ne seroit pas mal fait si nous achettions des chevaux.	G. Non sarabbe mal faito se comprassimo caualli.	G. Nò se haria mal se compràssemos cauallos.
B. Ouy Monsieur	B. signor si almanco	B. Si señor, por

François.	Italien.	Espagnol.
au moins nous irons a nostre aise, & nous nous arréterons ou nous voudrons.	andremo a bell agio, e ci fermaremo oue vorremo.	lo menos yremros anuestro saluo, y nos pareremos quando nos fuère seruido.
G. Ouy mais si vn cheual vient à boitter, ou estre malade en chemin ? que ferons nous.	G. si ma se vn cauallo vien a Zoppiccare. od ammalarsi in camino ? che faremo ?	G. Si mas se vn cauallo viene a coxquear, o aser achacoso de camino, que haremos.
B. Si ȷe ciel tombe il prendra toutes les cailles, auec les cailletaux.	B. S'il cielo cade, pigliara le qua, glie, co' quagliotti.	B. si el cielo càe, cojera todas las codornizes cõ las codornizes pequeñas.
G. Alons en carosse, lequel est fort commode pour les pluyes, neiges vents, qui se font.	G. Andiamo in carrozza, la qual é commodiſſima, per le pioggie nui. e vinti che fanno.	G. vamos en coche el qual es comodo (conueniente) por la llubia, nieue, ayre (viento que hazen.
B. soit mais nous ne manquerõs pas de secouſſes endiablées rencontrant des chemins raboteux.	B. vada, ma non ci marcheranno scoſſe indiauolate nel rincontrare camini ronchioſi.	B. Vaya, mas nò nos faltaran sacudidas endiabladas, topádo con caminos fragrosos (escabrosos)

G. Ne vous eſtó-
nez pas pour
cela , car le
chemin que
nous prendrós
ie le ſçay au
bout des
doigts , & ie
l'ay fait plu-
ſieurs fois en
ma vie.

B. Si i'eſtois d'v-
ne forte vie
comme vous,
ie m'en mo-
querois ; mais
eſtant flaſque
comme ie ſuis,
ie crains vn
peu.

G. Ie ne trouue
pas que vous
ayez tort à vo⁹
conſeruer, car
voſtre mere
n'en fera plus.
  Quand elle
en porteroit
cent , la che-
miſe eſt plus
proche que le
pourpoint.

G. Quel chemin
tortu prenez-

G. *Vſ. non ſi ſgo-*
menti per queſto,
perche il camino
che terremo lo sò
amena ditá, e
l' hò fatto parec-
chie volte in vita
mia.

B. *S' io foſſi tutto*
vita come lei e,
me ne burlarei ,
ma eſſendo fiacco,
come ſono temo
alquanto.

G. *Non trouo c' hab-*
bia torto à conſer-
uarſi perche ſua
madre nonne fa-
farà piu.

B. *Quando ne por-*
taſſe cento la ca-
miſcia e piu vici-
na del giubone.

G. *Che camino gire-*
uol pigliate ? pro-

G. Nò ſe eſpante
por eſſo , por
que el camino
que tomare-
mos, le sè de
corrida , y lo
he echo mu-
chas vezes en
mi vida.

B. Se yo fuera
recio (fuerte)
como el , me
burlarra , mas
ſiendo flaco
como ſoy ten-
go miedo vn
poquito.

G. Hallo que tie-
ne raçon de
conſeruarſe ,
porque ſu ma-
dre no tiendrà
mas hijos.

B. Aunque parie-
ra cientos ,
mas cercanos
ſon mis dien-
tes , que mis
parientes,

G. Que camino
toma retorci-

François.

vous ? messa-
ger ?

P. Il est vn peu
tortu , mais
non pas si fas-
cheux   que
vous dites.

B. Arrestez vn
peu le carosse,
que ie veux
descendre; car
i'ay le pied
gauche en-
gourdy d'a-
uoir esté tant
assi.

P. Ne jasons pas
tant icy , car
les   voleurs
passent souuét
par-icy , des-
poüillant tous
ceux qu'ils at-
trappent.

G. Combien y
a-t'il d'icy au
lieu où nous
disnerons ?

P. Il y a encor

Italien.

caccio ?

P. *E vn tantino
gireuole , ma non
infesto , come le
pare.*

B. *Fermate la caroz-
za , che voglio
metter piedi à
terra , c'ho il
piede manco in-
cordato , (tiriz-
zato) del seder
tanto.*

P. *Non stiamo à
gazzolare qui at-
teso che malandri-
ni ci passano spesso,
sua'igiando tutti
quelli ch' acchi-
appano.*

G. *Quant' è ancora
di qui al luogo
oue desineremo ?*

P. *Ci restono quattro*

Espagnol.

do ? messangero?

P. Es algun tan-
to retorcido,
mas nò tan
mohino (pe-
sado) como el
dize.

B. Pare vn poco
el coche, que
me quiero a-
peàr , porque
tengo el piè
hizquierdo
tiesso (ador-
mecido) de
tanto assen-
tarse.

P. Nò estamos à
qui   chocar-
reando , por-
que los saltea-
dores passan
por à qui
amenudo, des-
pojádo todos
los que cojen.

G. Que tan lexos
ày de aqui al
lugar à do
comeremos
(ayantare-
mos.)

P. Ay aun quatro

quatre grãd’-
lieuës , ſans
trouuer aucu-
ne hoſtellerie,
pour boire vn
coup.
B. D’oreſnauant
ie ne ſortiray
iamais le ma-
tin hors du
logis ſans dé-
jeûner.
G. I’en ferois au-
tant , ſi ie
trouuois quel-
que choſe.
B. On peut auoir
touſiours vne
couple d’œufs
frais , ou bien
vne tranche
de iãbon, pour
faire trouuer
le vin bon.
G. Ces viandes
ſalées ne me
plaiſent point
en chemin ,
car elles cau-
ſent vne ſoif
horrible, & il
n’y a rien pire
qu’endurer la
ſoif.

gran migli , ſen-
za trouar alcuna
hoſteria , per be-
re vn ſorſo.
B. *Di qui in poi ,*
non vſciro mai
la mattina fuor
dell’ albergo ſen-
za ſarcollatione.
G. *Farei l’iſteſſo , ſe*
ſi trouaſſe qual-
che coſa.
B. *ſi puo ſempre*
hauere vna copia
di voua freſche
ouero vna fetta
di preſciuto , per
far trouar il vin
buono.
G. *Queſti ſalami*
non mi ſanò buo-
ni in camino, per
che fanno vna
ſete horribile , e
non v’ è coſa pege
giore che patir la
ſete.

leguas morta-
les , ſin hallar
alguna venta
para beuèr vn
trago.
B. De à qui ade-
lante , iamàs
ſalirè la ma-
ñaña fuera de
caſa ſin al-
morçar.
G. Harè el pro-
pio , ſi hallo
algo,
B. Se puede ſiem-
pre tenèr vn
par de hueuos
blandos (re-
cios) o vna
tajada de per-
nil por hallar
el vin bueno.
G. Eſtas cecinas
nò me guſtan
en camino ,
porque cau-
ſan ſed expá-
table, y nò ay
coſa peor que
padecer la
ſed.

François	Italien	Espagnol
B. Ie vous trouue tout basanné du soleil.	B. _Vi trouo tutto abbacinato dal sole._	B. Le hallo todo moreno (loro) del sol.
G. Au contraire, Môsieur, vous réuez à ce que ie voy, car ie me trouue plus blanc que iamais dans la glace de mon miroir, laquel-le ńe sçauroit mentir, quand mesme elle voudroit.	G. _Al contrario vf. anfana à quel che veggio, perche mi trouo piu bianco che mai nella bambola del mio specchio la qual non puo mentir, anche s'ella volesse._	G. Al reués, Señor, V.M. desatina à lo que veo, porque me hallo mas blanco que iamas en la luna de mi espejo, la qual nò puede métir, aunque quisiera.
B. Ou vous-vous trompez, ou ie me trompe moy-mesme; car ie vous trouue les yeux creux, & non pas seulement la couleur changée.	B. _O che lei s'inganna, od inganno me stesso, che gli trouo, gli occhi buggi non ch'il color mutato._	B. O que el se engañà, o yo me mismo, que le hallo los ojos hondidos, y la tez trocada.
G. Ne regardez-pas ma couleur, car le plus souuent elle est blesme.	G. _Non rimiri il colore, perche per lo piu è smorto, (tramortito.)_	G. Nò repáre en la color, que por lo demas es palido.
B. Quel chemin prendrons -	B. _Che camino pigliaremo gionti_	B, Que camino tomarémos ? nous?

François,	*Italien*	*Español.*
nous ? quand nous ſerons arriuez à Lyon ? - par mer ou par terre.	*B. Che camino pigliaremo gionti che ſaremo à Lione, per mare o per terra.*	llegado que haure mos à Lyon, mar o tierra?
G. Si nous allons par mer, nous yrons plus viſte ſi le vent eſt fauorable pourtant & nous eſpargnerons de l'argent	*G. S' andiamo per mare andremo piu preſto, s'il vento ê fauoreuole, però e ſparmiaremo danari*	G. Se vamos por mar, yremos mas ayna, ſe el viento nos dize (o es fauorable,) y ahorrarémos dinero.
B. Sçachès que tout auſſi toſt que ie m'y embarque, ie perds tout à fait l'appetit, & ce que ie mange incõtinant ie le vomis, outre la douleur que j'endure tant d'eſtomac que de teſte.	*B. Sapia che come prima mi ci imbarco perdo l'apetito a pieno e quel poco che mangio incontanente lo recio oltre'l dolore che patiſco tanto di ſtomaco che di teſta.*	B. Sepa que aſſi como me embarco pierdo cabalmēte la gana de comer y el poco que como luego lo trueco, allende el dolor que padeſco, tambien de eſtommago que de caueza.
G. On ne va jamais en pleine mer, à cauſe du Turc mais coſtoy-	*G. Non ſi va mai per alto mare, percon- to del turco ; ma ſpondeggi-*	G. Nó ſe vien alto mar por amór, del Turco maſladeando

Francois	Italien	Español.
ant & a tout moment on peut debar-quer & man-ger de petits patès, car au reste on ne trouue rien.	ando e di trat-to in tratto si puo sbarcare, e mangiar paf-ticciettiche del resto non si tro-ua nulla.	(costeando) a cada trecho (momento, buelto de ma-nos) se puede desembarcar, y comèr chi-cos pasteles por que por lo demás no se halla nada.
B. Ie ne les trouue pas bons au con-traire la seu-le pensée me fait mal au cœur, n'estãt fait d'autre viande, que de leur reste, auecvn nom-bre infiny de mouches.	B. Non mi fan-no buoni anzi'l penfar folo mi fà domaco nòn ffeadò com pofti d'altra carné, che de loro auanzuli, con vn numero finza fine di mofche.	B. Nó los hal lo buenos, al reués el pen-samiento fo-lo me haze hastio, nó fi-endo echos deotra carne, que de la que a fobrado a el los con nom-bre infinito de moscas.
G. Fy, ne m'é parlez plus,	G. Haibo, non me ne parlate piu.	G. Tate no me hable:
B. j'attendois que vous es-clataffiez a-uec plus grãd bruit, vous conoiffãt fort delicat.	B. ftaua afpet-tare che pro-rumpefte in maggior efclà matione conof-cendoui molto delicato.	B. Eftáua agu-ardando que hizieffe may-ór ruydo co-nofciendole muy delica-do.
G. Ce ne fe-roit pas vne merueille car quand on y	G. Non faria marauiglia per che facendoui	G. Nó feria ef-

Francois	Italien	Eſpañol
fait reflexiõ on trouue que les Paſtiſſiers ſont l'abregé des ordures.	vno riflſſione ſi troua che i paſticieri ſono l'epilogo delle ſporchezze (ſozzure)	panto.. por que quando ſe haze reflejion, ſe halla que los paſteleros ſon el cõpendio de de la porqueria (ſuziedad)
B. retournons à la nauigation, ie crains que nous ne nous rempliſſions de poux dans ce bâteau encore que le Pilote ncus donnaſt ſon lict.	B. Ritorniamo al nauigare remo che non ci riempiamo di pidocchi in queſta barca, benche il nocchiere ne deſſe il ſuo letto,	B. Boluàmos a la nauigation, tégo miedo que nõ nos hinchamos de peojos en eſte nauio, dado que el Piloto nos diéſſe ſu cama.
G. Si cela nous arriue, nous ſerons les plus mal'heureux voyageurs du mõde, & cela nous peut arriuer aiſement, par la diuerſité du monde qui y arriue.	G. Si ciò n'arriua, ſaremo i pui ſciagurati viandanti del mondo, e queſto ci puo accadere aguolmente, per la diuerſita delle genti che ui capitano.	G. Si eſſo nos aconteſſe, ſeremos los mas deſdichados caminantes del orbe, y eſſo nos pue de acontecér facilmente, por la variedad de la gente que llégan (acuden)
B Attribués la faute à vous	B. Incolpate voi ſteſſo d'ogni	

Francois

mesme de tout mescontentement.
il ne falloit pas renuoyer au logis le nostre.

G. Si nous eussiõs pris terre, nous serions hors de tout ēbarras mais d'ordinaire vn abisme attire l'autre.

B. Messager quel bestail est celuy là? ie ne le scay pas vrayement.

G. Messager, sont ce de bones gēs ou nous soupperons ce soir?

B. Ce sont les meilleurs qu'on puisse trouuer au

Italien,

disgusto, non bisognaua rinuiare (tramandare) a casa il nostro.

G. *s'hauessimo preso terra, saremmo fuor d'ogni imbroglio , ma d'ordinario vn barratre attira l'atro*

B. *Proccacio che bestiame ê quello là? non lo sò ingenuamēte*

G. *è Braua gente, oue ceneremo sta sera proccacio?*

B. *La piu garbata, che si troui, trattone ilPadronech'è*

Español

B. Atribuiese la falta a si mismo de todo descontento, nó era menester de remandàr a casa el nuestro.

G. Si nos vui éssemos allegado, fuéremos fuera de todo embaraço, mas de ordinario vn abismo trae otro.

B. Messangéro que ganado (hato) es aquel ày? nó lo sede véras

G Es gente honrrada a do ceneremos esta noche messangero?

B La mejor que se puede hallar en el mundo,amen el amo de casa. el qual es

François | *Italien.* | *Eſpañol*

François

monde, hor-
mis le Maiſ-
tre du logis
qui eſt vn des
plus fins pi-
peurs que
j'aye jamais
hanté en ma
vie.

G. Ie l'ay en-
tendu de plu-
ſieurs, que
quand il cõ-
mance à cajo-
ler, à lors il
faut ouurir
les yeux.

B. neantmoins
il luy faut fai-
re bonne mi-
ne, afin qu'il
nous traite
bien, & de-
main matin
nous le laiſſe-
rons là cõme
vn coquin.

G. Vous ne vo⁹
pourrez pas
dépeſtrer ſi
ayſement de

Italien.

vn barro de
pui fini ch'io
habbia bazzi-
cato in vita mia

G. l'hó udito da
parecchi, che
quando com-
mincia berlin-
gare, al'hora
apri l'occhiò.

B. Tutta volta
biſegna fargli
buona cera, ac-
cio ne faccia
buone ſpeſe, e
domattina lo
laſciaremo co-
me vn briccone

G. Non ci potre-
te ſbrigare ſi di
legeri da queſto
brigante ſenza

Eſpañol

vn de los ma-
yoresfolléros
que aya con-
uerſado en
dias de mi vi-
da

G. Entendido
lo he de mu-
chos, que
quando em-
peça chocar
reàr, entonces
es meneſter
de abrir el
ojo.

B. Nó embar-
gante es me-
neſtér de en-
ſeñàrſe cari-
riſueño para
que nos rega-
le, y mañána
por la mañà-
nita lo de-
queremos co-
mo un uergã-
te (picaro.)

G. Nó os po-
dreis deſem-
baraçar, ſi

Francois.	*Italien.*	*Español.*
ce bon drol, sans luy don- ner quelque chofe à boire, principale- ment s'il fe met fur fes ni, ayferies.	*dargli bona mano, princi palmente fe fi mette fulle fue baloccherie.*	facilmente defte bouadé- ro, fin darle albricias mas fi fe pone en fus necedàdes
		G. podrà llenar un efcudo por lo mas.
G. C'eft à fai- re à vn efcu tout au plus.	G. *Stara ad uno fcudo al piu*	D. Nò ferà de- mafyàdo, des pues de auér fe dado en har tazco a cena,
D. Ce ne ferá pas trop, a- pres auoir foûpé tout fõ faoul, & déjû- né le matin à vêtre débou- tonné.	D. *Non fara troppo, doppo hauer fatto la fera una corpaciáta o fatto collatio- ne la mattina acrepa ftoma- co*	y almorcado por la mandá- nanita a re- bantar
B. voyez com- me en jafeãt le temps fe paffe, tout à l'heure nous y ferons.	B. *Veda come ci- arciando il tẽ po pafa, hor hora vi faremo*	B. Mire como el tiempo paf- fa platicando luego efta- remos dy
G. Toutesfois j'aurois trou- ué plus de di- uertiffement par terre, en écoutant tã- toft le chant	G. *Però haurei trouato maggi- or diporto per terra, coll'af- coltare hora il*	G. Con todo effo uuiera hallado may- or defenfado por tierra yà efucchando los cantos

Francois	*Italien.*	*Eſpañol.*
des villageois tantoſt le gaſoüillement des oyſeaux.	cantar delle ui-linelle, hòra il cinguettare (garito) de gli ucelli.	de las aldeànas, yà los gorgeamientos (paſſos de garganta) de los paxaril-los.
B. Monſieur, vous mépriſez vn peu trop la naui-gatiõ, laquel-le ie prepoſe millc fois á l'eſtude.	B. Vs ſprezza vn poco troppo il nauigare, il qual e io pre pongo mille uol te allo ſtudio·	B. Senór me-noſprecia al-guntanto de-maſyado la nauigation, la qual prepon-go mil uezes a lo eſtudio.
G. Pas moy, car pendant que i'eſcris dans la Chãbre, ou autre part, pourueu que ie ſois à l'abry ie ſuis en repos.	G. Non gia io, perche mentre ſtò ſcriuende in camera e altroue, purch ſia ſotto tetto. ſono in ripoſ	G. Nó yo, por que mi-entras eſtoy eſcriuiendo en el apoſen-to, o en otro lugar, como eſtoy abriga-do, me hallo en ſoſſiego.
B. Pauures eſ-tudians qui ne s'aperçoi-uent pas qu é folaſtrant a-uec leur plû-nie, papier, & ancre ils meu rent de faim, ſoif, ſroid, & ils ſont tous deſchirez : ils	B. Meſchini ſtu-denti, che non rauiſano, che collo ſcherzare della penna, carta, ed in-chioſtro ſi mu-oiono di fame ſete, e freddo, e ſono tutti ſtra-cciati, dorma-no ſu gli aſſi	B. Probes (po-bres) eſtudi-antes que nò echan de uer, que loquean-do con ſu plu-ma, papél, y tinta, ſe mue-ren de ham-

Francois.

couchent sur les ais cóme des chiens, a-uec vne che-mise blanche comme vn charbonnier, ou remóneur, qu'ellevie eft plus mal'heu-reufe que cel-le-cy.

B. Ie ne voy point, de có-paraifon d'vn marinier ou marchand, a-uec vn Doct-eur, vn hom-me fçauant.

B. Vous auez raifon, car le Marchand ne monftre pas fon argét, ou richeffes, mais le Doc-teur defcou-ure auec la langue , ce qu'il a dans le ventre,& dãs la tefte, paf-

Dialogue

Italien.

come cani. con una camifcia bianca aguifa di carbonaio, ouero fpazza-camino , qual vita piu fcia gurata di quefta,

G. non vedo para gone d'vn ma-rinaio, o mar-cáte con un dot tore , con un létterato

B. hà ragione, perche il merca nto non moftra il fuo danaio e richezze,ma il dottore fcu-opre colla lin-gua, ciò c'hà nel uentre e nel la tefta,col paf-far fpeffo por fcimonito pro-ferendo molte

Efpañol

bre, fed,fryo: y fon todos rafgados, du-ermē encima de las tablas de madéra como perros con una cami fa blanca co-mo vn car-bonéro , o barredór de chiminéas, que uida mas defdichada que efta?

G. Nò ueo al-guna compa-racion de un marinero mercadér, có un letrado, (un Docto)

B Tiene raçon, porque el mercante nó enfeñà fu di-nero, o haziē da, mas el letrado defcu bre con la lē-gua, lo qu tiene en l barriga, y en fan

François,	*Italien*	*Español.*
sant souuent pour fol, en proferant beaucoup de babioles.	*chiappolie.*	la caueça, con ser tenido amenudo por loco proferiendo chistes y donayres.
G. Le pauure Marchand se peut dire beaucoup defois pluftoft mort que vif, quãd il se trouue expofé aux iniures du Ciel, & de la mer.	G. *Molte uolte si puo dire piu tofto morto che uiuo il pouero mercànte, quãdo si troua es pofto alle ingiurie del cielo e del mare.*	G. El pobre mercadér se puede dezir muchas uézes, antes muerto que uiuo, quando se halla expuefto a las injúrias del cielo, y de la mar.
B. Mais le Docteur se trouue enuironné de tant de perfonnes illuftres qui l'admirent; au lieu que le Marchand, l'eft des ondes inconftantes qui viennent pour enterrer le miferable Vaiffeau, & ce qu'il y a dedans.	B. *Ma il Dottore si troua circondato di tante illuftri perfone che l'ammirano; in uece ch'il mercante è di onde uolúbili che uengono per sepelire il mifero vafcello, e quel che u'é dentro.*	B. Mas hàllaffe el letrado cercádo (rodeádo) de tantas perfonas illúftres que le admiran : en lugar que el mercadér, lo es de las olas inconftantes que uienen a soterrar el cuytádo (la-

Francois.	*Italien.*	*Español.*
		zerádo) uaxél con todo lo que tiene.
G. Ie me rends, apres m'auoir apporté tant de raisons, on peut dire aussi que la nauigation a esté du la vraye Religiõ, sans laquelle on ne l'auroit pu faire.	G. La dò uinta, doppo h.auermi reccate tante ragioni, lift.s-sò si puo dire, ch'il nauigare ha diftefo il uerace nume, senz'il quale non si sarebbe potuto f.re.	G. Me doy por uenzido, despues de auerme traydo tantas razónes, & propio se puede dezir, que la nauigacion a alargado lá uerdadéra religion, sin la qual nò hiziéra.
B. Pour dire la verité, apres tant de côtestations, ie m'imagine que le Marchand nous logera plustoft que le Theologien.	B. Per dir il uero doppo tanté contefe, mi perfuado ch'il mercante ci albergherà, anzi ch'il teòlogo.	B. Se uà a dezir lauerdad, tras tantas rayertas, creo que el mercadér nos apofentará antes que el Theológo.
G. I'ofe dire que voyager eft la chofe la plus agreable, aux yeux mortels, que l'homme puiffe auoir	G. Ardifco dire ch'il uiaggio re è la cofa piu grata, a g' ecchi mortali, he paffa haure l'huomo in	G. A offadas (me atreuo a dezir) que el hazer uiaje (caminar) es la cofa mas agradable, a

François	*Italien.*	*Eſpañol*
dans ce mon-de.	*queſto mondo.*	los ojos mor-tales , que hombre pue-da tenér en el mundo.
B. Si les Roys qui gouſtent tous les deli-ces imagina-bles ſont pri-uez de ces de-lices, ils ne ſe peuuent pas dire touc a fait heureux.	B. *Se i R è che guſtano tutte le delitie ima-ginabili ſono priui di que ſto piacere, non ſi poſſono dir donque del tutto felici.*	B. Si los Reyes que guſtan todas las de-licias imagi-nables , eſtán priuados de-ſtos regalos, nò ſe pueden dezir cabal-mente (de hecho) di-chados.
G. Il ſe faut donner de garde en voy-ageant de ne loüer iamais les Princes, car on peut manquer : de les blaſmer on hazarde beaucoup, car ils ont les mains plus longues que ne ſont les lieuës d'Alle-	G. *Biſogna far mente in cam ino di non lo dar mai i pren-cipi, perche ſi puo fallire, bia-ſimarli , s'ar-riſchia aſſai, perche hanno le mani piu longhe che non ſono le leghe tedeſche.*	G. Es meneſtér de mirar poɾ ſi caminando de alabar ja-más los prin-cipes, por que ſe puede fal-tar : menoſ-preciarlos ſe auentura mu-cho, por que tienen las ma-nos mas lar-gas que nò ſon las leguas de Alemaña.

 Dialogue

Francois. | *Italien* | *Español.*

magne.

B. A vous entédre parler, il vaut mieux se taire, & prier Dieu qu'il les conuertisse s'⁂s sont méchants , & s'ils sont bős, qu'il les main tienne.

B. *Al udirla , é meglio tacere e pregar dio che li conuertisca se sono cattiui, e se boni, che li mantenga.*

B. Como habla, mas uale callar y rezar para que dios los conuierta se estan ruynes, si menos (si buenos) que los mantenga.

G. Il ne faut iamais môstrer le fond de sa bourse à personne, ny dire son secret, si on ne veut estre sujet & esclaue d'autruy.

G. *Non bisogna mai mostrare i' fondo della sua bo.sa a ueruno, nè dir il suo secreto , se non uuol esser soggieto, e schiauo altrui.*

G. Nunca es menester de enseñar el hondo de su bolsa a nádie tampoco dezir jamas su secreto, si no quiere ser rédido y esclauo de otros.

B, Si le voyage porte tant de difficultez auec soy , il vaut mieux se tenir an logis, car aussi bien on depense le sien, presque in-

B. *S'el uiaggio porta tante difficoltà seco, e meglio star a casa, ad ogni modo, si spende il suo quasi in bada, acquistando mille malatie, e sca't*

B. Si el uiage trae con sigo tantas difficultades, mejor es quedarse en casa, porque tambien se gasta el suyo casi sin prouecho,

Francois	*Italien.*	*Español*
utilement,	*rezze , lafcia*	cobrando mil
acquerant	*ndoui pur af-*	achaques , y
mille mala-	*fai anche la*	ardides dex-
dies, & rufes,	*pel'e.*	ando muchos
plufieurs y		el pellejo.
laiffans la		
peau.		
G. Encor que	G. *Pofto ch'il di*	G. Dado que la
l'incommo-	*fagio del uiag*	incommodi-
dité du voya-	*giare fia gran-*	dad del uiage
ge foit gran-	*de, il curiof*	fea mucha, el
de,les curieux	*s'appaga dell*	curiofo fe cô-
fe contente-	*contezza delle*	tenta del co-
ront de la cô-	*parti differeti*	nofcimiento
noiffance des	*della terra che*	de las partes
parties diffe-	*uede ogni di.*	differentes de
rentes de la		la tierra, que
terre , qu'il		uee cada dia.
voyent tous		
les iours.		
B. Non pas le	B. *Il fedentario*	B. Nò ya el fe-
fedentaire:ne	*no: non confi-*	dentàrio , fin
confiderant	*derando che*	confiderar
pas que l'art	*l'arte del cami-*	que el arte
du voyage	*no confifte nell'*	del caminar
confifte dans	*ammiratione*	confifte en el
l'admiration	*della diuerfità*	admiration
de la diuerfi-	*che fi nota in*	de la uariedad
té qu'on rê-	*ogni lato del*	que fe nota
marque en	*mondo: a lui,*	en todos los
tous les côtés	*le piu eccelen-*	lados del or-
du monde: a	*ti,paiano com-*	be, a el, las
luy, les plus	*muni , per la*	mas excellen-

Francois.	*Italien.*	*Español.*
excellentes sembles communes, à cause de la veuë quotidiene qu'il en a deuant soy.	*uista quotidiana c'ha innanzi.*	tes parecen communes, por raçon de que uee cada dia antes de si.
G. Tout yroit bien, si on pouuoit abbaisser les voiles, quand il fait tempeste, & que l'homme ne se trouuast pas mal.	G. *Ogni cosa anarebbe bene, se si potesse calar presto le uele quando fà fortuna, e che l'huomo non stesse male.*	G. Todo yria bien si se pudiera amaynar luego el nauio quando haze temporál, y que el hombre nò se amareásse.
B. Ie crains plus quand la lanterne du bateau est esteinte, que tout le reste qui peut arriuer.	B. *Temo piu, quando l'ampione si smorza, che tutte'l resto che puo occòrrere.*	B. Tengo mas miedo, quando la lanterna, del nauío està apagada, que todo lo que puede acontecer.
G. Il me reste seulement a dire, que ie renic les cheuaux qui ont la bride par derriere.	G. *Mi resta solo a dire, che riniego i caualli c'hanno la briglia di dietro uia.*	G. Queda me solo por dezir, que reniego de los cauallos, que se arriendan por detrás.

François.

B. De grace laiſ-ſons ce diſcours à part, car il me laſſe ſeulement à l'entendre, & me ditescombien vous me donnerez par mois pour mes menus plaiſirs , ie n'ay pas encore ordre de cela.

Italien,

B. Laſciamo di gratia queſto diſcorſo a parte , perche l'udirlo ſolo mi ſtracca , e mi dica quanto mi darà al meſe per le ſpe, e minute : non hò ordine ancora di queſto.

Eſpañol.

B. Por uida ſuya dexemos eſto a lado , por que el ſolo oydo me canſa y me diga quanto me darà cada mes por mi rego-zijo, nò tengo aun orden deſſo.

François.	Italien.	Español.
Description d'vn iardin: le maistre, & le conuié.	*Descrittione d'vn giardino: il padrone e l'inuitato.*	*Descripción de vn jardin : el amo y el conuidádo.*
P. A cette heure que nous auons disné allons faire vne pourmenade dans mon iardin, & par aprés nous retournerons à la compagnie.	P. *Hora c'habbiamo desinato andiamo a dar vna spasseggiatina nel mio giardino e poi daremo di volta alla compania.*	P. Agora que auémos ayantado (comído) vamos a passeár en mi jardín, y despues bolueremos a la compania.
I. I'en suis content, allons.	I. *Ne son contento, andiamo.*	I. Contento soy, vamos.
P. Allez deuant Monsieur, ie vous suiuray.	P. *Vs vada innanzi, la seguirò.*	P. Vaya adelante señor, le seguirè.
I. Ie ne voudrois pas faire cette faute, ny paroistre si inciuil pour chose du monde.	I. *Non voria commétter questo fallo, nè mostrarme le si mal creato per cosa del mondo.*	I. No queria hazer este yerro, ny parecér tan desnedado (descortés) por cosa del mundo.
P. Quand mesme vous le voudriez, vous ne pourriez cómettre aucune faute, estant la ciuilité mésme,	P. *Etiamdio che vs volesse, non potria commétere verun fallo, sendo la ciuiltà stessa.*	P. Aunque quisiéra, non podria cometér alcuna falta, siédo la misma buena criãça.

François.	Italien.	*Eſpañol.*
I. I'ayme mieux me monſtrer inciuil , que trop obſtiné enuers vous.	I. *Vò piu toſto moſtrarmi mal creato ch'oſtinato verſo d'eſſo lei.*	I. Mas quiero moſtrarme deſcortés,que demaſyado porfiado házia el.
P. Vous ne me ſçauriez faire vne plus grãde faueur.	P. *Non mi potrebbe far maggiór fauore.*	P. No me podria hazér mayor fauòr.
I. Ah quelles belles allées, miſericorde, & tant eſtimables par leur longueu que pour leu largeur.	I. *Oh i be' viali, miſericordia, e tanto ſtimati per la lõ hezza, che per largezza.*	I. Oh que lindos andamios miſericordia, y no menes eſtimados per ſu largueza que por ſu anchura.
P. Vo' ne voyez encore rien, au prix de ce que vous verrez tantoſt.	P. *Vede nulla ancôra al paragone di quel che vedrà.*	P. Vee nada aún, en comparacion de lo que vera luego.
I. Ie vous dis tout de bon qu'il y a longtemps que ie n'ay veu ſon pareil.	I. *Le dico da donéro, ch'è vn pezzo che non hò viſto vn ſuo pari.*	I. Le digo de véras, que mucho a, que no he viſto ſu yquàl.
P. Conſiderez de grace combien voila de fruits.	P. *Miri di gratia quante frutta.*	P. Conſidere de gracia quanta fruta ày a qui.

François.	*Italien.*	*Eſpañol.*
I. Il y en a à foi-ſon, & ie me repreſente iuſtement en le regardant vn' autre halle de Paris, auec ſa diuerſité	I. *Ve ne ſono in gran còpia, e per l'apunto. mi rapreſento nel mirarlo, vn' altro mercato di Pariggi, con le ſue varietà.*	I. La ày copioſamente, y hecho dever mirándola, otra lonja de Paris con ſu diuerſidad.
P. Mr cueillez en de ceux qui plairont. parce que ie vous fais maiſtre de tout.	P. *VS. ne colga di quelle che le pare e piace, perche la ne fò padrone del tutto.*	P. Señor, coja de la que mas le fuére ſeruido, porque lo hago amo de todo.
I. Ie vous remercie de grand cœur, ie prends plus de plaiſir à les regarder, que ie ne ferois en les mangeant.	I. *La ringratiᵒ caldamente hᵒ di gran lunga maggiór traſtullo nel guardali, che non ſentirei nel māgiarli.*	I. Agradeſcole de coraçon, mayor guſto tengo en miralla, que no haria comiendola.
P. Ouy, mais neantmoins quãd on peut faire l'vn & l'autre enſemble, il me ſemble beaucoup mieux.	P. *Si, ma tutta volta quando ſe puo far amendue d'vn tratto, mi par molto meglio.*	P. Si, mas con todo eſto quãdo ſe puede hazer yel vno y el otro iunto, mejor me parece.
I. Ne nous amuſons pas tant	I. *Non badiamo tanto alle frutta*	I. No nos detengamos tan-

François.	Italien.	Eſpañol.
aux fruits , de peur qu'il ne nous reſte de temps pour voir le reſte, ſçauoir les fõtaines, les viuiers , les eſtangs dont le iardin abonde.	che non ne reſti tempo da vedere il reſto , cioe le fontane, i viuài, gli ſtagni donde il giardino n'abonda.	to à la fruta, de miedo que no nos ſobre tiempo para ver lo demás, comolas fuétes, viuáres eſtanques de los quales el jardin eſta lleno.
P. Nous ne ſortirons pas d'icy, que nous n'ayons veu, tous les endroits de ce lieu.	P. Quindi non uſciremo , ſin che non habbiamo veduto , tutti i lati di coteſto luogo.	P. No ſaliremos de aqui , que ſin ver viſto todas las partes deſte lugár.
I. Lieu à la verité digne de voſtre qualité, i'é ay veu pluſieurs , mais iamais vn ſemblable.	In. Luogo veracemente degno d'unparſuo, n' hò viſti parecchi, ma non gia vn'altro tale.	I. Lugár de véras digno de otro ſu ygual muchos he viſto mas nunca otro tal.
P. Le plus charmant eſt , les arbriſſeaux, pas moins agreables en fleurs , qu'en fruicts.	P. Il piu vago d'eſſo lui , trouo gli arboſcelli , non meno grati in fiori , che in frutti.	P. El mas lindo que ay , ſon los arbocillos, no menos agradables en flores, que en fruta.
In. Pour moy,ie	Iu. In quanto à me,	In. Por mi, no

Françcois.

ne prendrois
pas plus de
plaisir , que
d'entendre le
doux ramage
des oiseaux
qui voleroiët
d'arbre en ar-
bre.

P. Et moy sur
tout, le Prin-
temps,de voir
germer la ter-
re de tant de
fleurs , & les
plantes ver-
doyer, & par
fois glisser ou
nager les pois-
sons.

In. Autant de te-
stes , autant
d'opinions.

P. Puisque nous
sommes sur le
poisson, vous
plaist- il d'en
voir quelques
vns ?

I. Ie prens assez
de plaisir , &
i'en prendrois
dauätage s'ils

Italien.

*nõ haurei mag-
gior di porto ch'
inténdere ogni
mattina il soua-
ue canto de gli
augellini , che
voláffero d'ar-
bero in albero.*

P. *Ed io sopra'l
tuto , la prima
véra, di riguar-
dàre germogliar
la terra tanti
fiori , verdeg-
giare le piante,e
talhora guiz-
zar i pesci.*

In. *Tante teste ,
tante sentenze.*

P. *Giache siamo
su i pesci,gusta
v s. vederne a-
lcuni ?*

I. *Affai gusto pi-
glio , e piu ne
pigliarei sefuf-
f no cotti, ô frit-*

Espãol.

ternia mayór
plazér,que de
entendér el
dulce cãto de
los paxaril-
los , que vo-
lan de árbol
en arbol.

P. Y yo sobra
todo , la pri-
ma vera, ver
brotar la tier-
ra tantos flo-
res , y verde-
scer los árbo-
les, y a ratos
deslizar los
peces.

In. Tantas caue-
ças, tanta o-
pinion.

P. Yaque esta-
mos hablan-
do de pesces,
siruese de ver
algunos ?

I. Tengo mucho
gusto , y ten-
dría mas si es-
tuuiessen gui-

François.	Italien.	Español.
eſtoient cuits, ou frits , & nageoiét dãs vn plat.	_ti , e notaſſero in vn piato._	ſados , o fritos, y nadaſſen en vn piato.
P. Monſieur faites eſtat d'eſtre chez vous cóme diſpoſant de tout.	P. _VS. faccia conto d'eſſer in caſa ſua col diſporre d'ogni coſſa._	P. Señor haga cuenta que eſtà en ſu caſa diſponiendo de todo.
I. Puiſque vous eſtes ſi courtois en mon endroit , ie cueilleray auecvoſtre permiſſion quatre ceriſes aigres , auec quelques abricots, pour eſtancher la ſoif.	In. _Poi che v s. è tanto corteſe al la volta dime , corrò con ſua buona licenza quattro maraſche , accompagnate d'alcune bricócola , per ſmorzar la ſete._	I. Y aque eſtà tan cortés comigo, co eré con ſu licencia quatro cerezas agrias, con algunos aluarcoques, por matár la ſed.
P. Auec tout pouuoir, mon cher Móſieur & non pas auec permiſſion: les oranges y ſeroient plus propres.	P. _Con ogni autorità , cariſſimo ſig. e non con licenza: ſariano piu atti acio i naranci._	P. Con toda autoridad , muy queridoSeñor y no con licencia:las naranjas ſarian mejores.
I. Conſiderons vn peu ces truites , ô	In. _Diamo vn' occhiata adeſſo a quelle trute, o_	I. Veamos algun tanto las truchas , oh co

Françoys.	Italien.	Eſpagnol.
comme elles font puiſſantes, & ces carpes vieilles qui ont la teſte veluë. P. Il ne vous deplaira pas de voir les lamproyes, ces anguilles, qui ſurpaſſent en groſſeur, & largeur, la queuë d'vn lion, tant grande fuſtelle.	come ſono ſmiſurate, e quelle carpe tanto attempate c'hanno le teſte piloſe. p. Non le ſarà diſcaro di vedére, le lamprede, quelle anguile, ch' eccedono di groſſezza e longhezza la coda d'vn lione, per grande, e groſſa che fuſſe.	mo ſon deſcomunales, y èſtas carpas vieias, que tienen la caueça velloſa. P. No les ſera deſagradable de ver las lápreas, èſtas anguilas, que ſobrapucant en groſſeza y hanchura la cola de vn leó por grueſſa que fueſſe.
I. Veritablement tout vous rit icy.	In. Veracemente che ogni coſa ride quinci per v s.	I. Verdaderaméte que todo rie aqui por v m.
P. Entre deux, pour vn pauure Gentilhomme comme moy.	P. Coſi coſi, per vn pòuero Gentilhuomo come io ſono.	P. Aſſi como aſſi, por vn pobre Hidalgo.
I. La fortune s'eſt touſiours monſtrée ennemie de la vertu, diſtribuant ſes dós,	I. La fortuna s'è moſtrata ſempre mai nemica della vertù, dando i ſuoi doni ſenza con	I. La fortuna a ſido ſiempre enemiga de la vertud, partiendo ſus dones, ſin conſi

François.	Italien.	Español.
sans conside- rer le meri- te.	siderar s'altri gli meritino, ô nò.	derar el mer cimiento (s vno lo mere ce.)
P. Il faut excu- ser cette pau- ure deesse, é- tant tout à fait aueugle, & porte ses excuses sur son visage.	P. Bisogna scusar questa pouera dea, esendo cie- ca a pieno, e porta le sue scu- se in facia.	P. Es menesté de excusar e sta pobre dio sa, siendo cie ga del todo, y trae su descul pa en su ro- stro.
In. De grace ex cusez moy si ie parle de la sorte, car ce que i'ay dit ne vous touche pas, estant comblée de vertu.	In. Per gratia v.s. scusi, ch'io par- lo in questa guisa, peroche quel c'hò detto non le tocca, essendo colma d'ogni vertù.	I. V M. me ex- cuse por cor- tesia se habl de esta mane- ta porque lo que he dicho no le aparte- nece, siendo encolmado de vertud.
P. Ie commence à me lasser, c'est pour- quoy asseons- nous icy vn peu à la frais- cheur, pour nous reposer.	P. Mi commincio straccare, per il che sediamo vn poco qui al rezzo per ripo- sarci.	P. Empeço a cansarme, y por esso assen- temonos aqui vn poco a la frescura para descansarnos.
I. A vostre com- modité mon cher Môsieur.	I. A sua posta pa- tron caro.	I. A su comodi- dad muy que- rido senor.
		P. Alla

François.	Italien.	Español.
P. Ie bois à voſtre ſanté Mõſieur.	P. Le faccio vn brindis ſig. N.	P. Alla và a ſu ſalud ſeñor.
I. Grand bien vous faſſe, & vous remercie, ie ne veux pas boire dauantage pour le preſent, i'ay affaire de ma teſte.	In. Buon pro le faccia, e la ringratio, non voglio ber piu per hora, ho da fare della mia teſta.	I. Buen prouecho le haga, y le agradeſco, no quierro beuer mas por agora, neceſito de mi caueça.
P. Si vous auez affaire de la voſtre, ie ne veux pas ietter la mienne aux chiens.	P. Se lei hà da fare della ſua io non ſono per giettare la mia à cani.	p. Si el tiene meneſter de la ſuya, yo no quiero hechar la mia a los perros.
I. Les parterres, & les compartimens de ce iardin ſont beaux outre meſure.	In. Le vanezze, ed i compartimenti di queſto giardino ſano belli ſopra modo.	I. Las eras y los compartimiẽtos deſte iardin ſon lindos mas de marca.
P. Ils ſont bien plantez, mais le buis eſt trop haut, ie ſeray cõtraint de le faire eſchincrer, & ie l'aurois déja fait, mais	P. Sono ben piantate, ma il boſſo è troppo alto, farò sforzato di farlo cimare e l'haurei gia fatto, ma temo non ſecchi.	P. Muy bien plãtados eſtán mas el box es demaſyado alto, ſere apremiado de hazeille perſpuntar, y ya lo auria he-

b

François.

ie crains qu'il ne feche.

In. Ce jardin eſt ſi bien ordó-né, qu'il n'y a rien à redi-re, hormi les murailles, qui me ſemblent trop baſſes.

P. Iuſques à pre-ſent j'y ay en-tretenu vn grand chien, mais ſans fruit.

I. C'eſt vne beti-ſe, de ſe fier aux chiens, puiſqu'il y a des larrons qui les ſça-uent charmer, tant eſt au-iourd'huy le monde cor-rompu.

P. Ie ne m'en eſtonne pas, car la faim

Italien.

In. Queſto giar-dino è talmen-te ben ordinato, che non n'è da contradire, tra-tone le mura, che mi paiano baſſe.

P. Sin qui v' hò tenuto vn ca-gnazzo, però ſenza frutto.

In. Eſcempezza a fidarſi da ca-ni, poiche vi ſo-no ladroni che ſanno incantar-li, tanto hog-gidì la gente è corrotta.

P. Non mi ſtupiſ-co, perche la fame è quella

Eſpañol.

cho mas rece-lo que no ſe agoſte.

I. Eſte jardin eſta tanbien ade-reſcado que no ay mas que dezir, fuera que los pare-des que me parecen de-maſyado ba-xos.

P. Haſta a qui te-nido he vn gran perro, mais ſin pro-uecho.

I. Necedád es, fiarſe en per-ros, ya que ày ladrones que los ſauen he-chiſſar, tanto eſtá oy dia el mundo per-dído.

P. No me eſpan-to, por que la hambre haze

François.	Italien.	*Español.*
fait fortir le loup du bois.	*che caccia il lupo del bosco.*	falir el lobo del foto.
In. Et puis telle gés, ne craint pas des lambeaux.	*In. E poi, gente cosi fatta, non teme caccia cornachie.*	I. Y defpues géte femejante no tiene miedo de efpantajo.
P. Les larcins ne fe font pas par des voleurs de grãds chemins : & coupejarrets.	*P. I furtarélli o ladronéci, nõ pro uengōnò, da malandrini, nè mafnadieri: fbricchi ô farinelli.*	P. Los hurtos no fe hazen por los falteadóres, o desjarretadores.
In. Non ? & par qui donc ?	*In. Nò? e da chi donque?*	In. No ? y de quien pues?
P. Par ces pendarts de valets domeftiques, qui volent autant qu'ils peuuét pour porter à leurs garces.	*P. Da quefti mafcalzóni di feruitori di cafa, che rubano quanto poffano per portare alle loro trifte.*	P. Por eftos vellacos de criados domefticos, que hurtã quanto pueden, para lleuallo a fus raméras.
In. Cela eft pitoyable, que ceux qui mangent noftre pain, doiuent eftre nos plus grands ennemis.	*In. E miferando, che quei che mangiano il noftro pane, habbino d'effere i noftri maggiori nemici.*	In. Gran láftima, que lof que comé nueftro pan, fean tenidos por nueftros mayores enemigos.
P. Ainfi va le monde, qui	*P. Cofi và il mondo, chi non sà*	P. Affi va el múdo, quien no

François.	*Italien.*	*Eſpañol.*
ne ſçait nager va au fond.	notare và a fondo.	ſaue nadar va al hondo.
In. Si i'eſtois en voſtre place, i'y voudrois mettre vne bonne femme qu'en euſt le ſoin.	In. S'io foſſi in vece ſua, vorrei metterui vna buona donna, che n'haueſſe cura.	In. Se yo eſtuuiera en ſu lugár, queria poner vna buena mugér que tu uiera cuydado dello.
P. I'y en ay deſia mis trois, l'vne auſſi meſchante que l'autre.	P. Ve n'hô poſte gia tre, vna peggior de l'altra.	P. Tres he ya pueſto vna aſſi ruyn como otra.
In. Il eſt vray, qu'il y en a, en leur oſtant le bapteſme, qui ne ſont plus femmes, mais des diables effeminez.	In. Vero é, che ve ne ſono di quelle, leuato loro il batteſimo, non ſono piu donne, ma diauoli effeminati.	In. Verdád es, que las ày, deſbautizandolas, nõ ſon mas mugeres, mas diablos efeminandos.
P. C'eſt pourquoy ie veux dire, & on a dit dés le cõmencement, qu'où la femme regne le diable gouuerne.	P. Per queſto voglio dire, e s'è detto da principio, che oue la donna regna, il diáuolo gouerna.	P. Y por eſſo quiero dezir, y ſe ha dicho del comiéço, que a do la muger rèyna, el demonio gouierna.
In. La derniere	I. L'ultima c'ha-	In. La poſtrera

Françóis.	Italien.	Eſpañol.
que vous auez chaſſée ſembloit vne mãgeuſe de crucifix, & hauſſoit volontiers le calice.	uete ſcacçiato pareua vna graffia ſanti, e leuaua volontieri il càlice.	que haueis hechado fuera, pareccia vna comedora de crucifixos, y taceaua de buena gana.
P. Elle faiſoit la bigote deuant le monde, mais en arriere vne finette, & ne ſe leuoit iamais qu'il ne fiſt grand iour.	P. Faceua la pinzócchera dinãzi, ma dietrouia, era vna piatoncella e mai ſi leuaua che non foſſe giorno alto.	P. Hazia la beatona en preſença de la gente, mas de tras vna aſtuta y nunca ſe leuătaua que no fueſſe alto dia.
In. Sans mentir elle eſtoit degouſtante, & preſque touſiours eſcheuelée, auec les ongles fort longues, & le plus ſouuent pleines de ſaletez.	In. Per dir il vera, era feciofa, e quaſi del continuo iſcapigliata colle vgna lunge, & per lo piu piene di meſtura.	I. Se va a dezir la verdad era muy aſqueroſa, y quaſi ſiempre deſmelenada deſcabellada con las vñas largas, y la mayor parte llenas de cochineria.
P. Il ne s'en faut pas eſtonner, car elle eſtoit de baſſe naiſ-	p. Non è da marauigliarſi, perche era di baſſiſſima naſ-	P. No es de eſpantarſe, porque era de baxo quilates,

François.	Italien.	Español.
sance , fille d'vne rauaudeuse.	cita , figlia di mendasquarci.	hija de remendona.
I. Ie vous dis ouuertement, qu'elle me faisoit mal au cœur quand elle dressoit.	In. Dico ingenuaméte che mi facéastômaco nel vederla ministrare.	I. Le digo de véras , que me hazía hastio quando estaua escudillando.
P. Monsieur ne me parlez pl° d'elle, si vous ne me voulez faire vomir.	P. VS. non me la mentoui piu , se non mi vuol far rècere.	P. No me hable mas della, se no quiere que reuessa lo comido.
In. N'en parlons plus , mais plustost de nostre iardin, & faites hausser ses murailles, l'vnique rempart des inconueniens, & ainsi personne n'y grimpera.	In. Non piu di lei, ma del nostro giardino , e li faccia alzar le mura , l'vnico riparo de gl' inconuenienti, e cosi nessuno vi germira ô aggrapperà.	I. No mas della, mas hablemos de nuestro jardin, y mande alçar sus parédes, el vnico portrecho de los inconuenientes, y assi naide las gateara.
P. Il est vray, & alors on pourroit dire qui seroit parfait, & en belle assiette, mais il	P. E vero , ed all' hora se potria dire che fusse perfetto, ed in bella posta , ma ci vuol altro	P. Claro està, y entonces se podria dezir que seria cabál, y en lindo assiento,

François.

faut autre chofe que des paroles.

. Faites-le fur ma parole, & vous ne vous en repentirez pas, & il fera tenu pour le plus beau du quartier.

?. Ie vous ad-uoüë qu'il fe-ra, mais les frais ne feront pas pe-tits, & plu-ftoft delecta-bles que pro-fitables.

In. Sans doute que les paro-les fans effets, feruent au-tant que bri-fée l'eau dans vn mortier

P. I'ay entrepris de faire faire cette maifon, laquelle ie n'acheueray

Italien.

che parole, per farlo.

In. V S. *Lo faccia fopra di me, e non fi pentira, e ne farà tenuto per il piu bello del contorno.*

P. *Ve l'ammetto che farà, ma le fpefe non faran-no poche, e piu tofto curiofe che gioueuoli,*

In. Senz' altro che le parole priue di forze, tanto giouano, quanto peftar acqua in vn mortâio.

P. *Hò tolto a far fare quella cafa la qual non for-nirò fenza im-piegar nila me-*

Eʃpañol.

mas no ba-ftan palabras.

I. Hazeldo fo-bra mi pala-bra, y no fe arrepentira, y fera eftimado el mas lindo del lugar.

P. Le otorgo que fera, mas los gaftos no fe-ran pocos, y antes deley-tofos que prouechofos.

I. No aỹ duda que las pala-bras fin effe-cto tanto va-len, quanto defmenuçar aqua en vn almiréz.

P. He empren-dido de man-dar hazer vna cafa, la qual no acabaréfin

Françoís.	Italien.	Eſpañol.
pas ſans y employer la moitié de mon bien, ce qui m'afflige beaucoup.	tà del mio, il che m'accora molto.	emplear la mitad de mi hazienda lo que me enoja mucho.
I. Ouy en ce temps là, ce lieu là ſe pourra dire parfaict.	I. Si, ma all'hora potrà dirſi quel luogo, perfetto.	I. Si, mas entonces, eſte lugar ſe podra dezir perfecto.
P. Tout va bien, mais moy morr les heritiers viendront danſer ſur ma foſſe: comme on dit ordinairement, que la mort du pere riche & auare, eſt la reſiouyſſance & prodigalité du fils.	P. Tutto ſtà bene, ma morto io gli heredi, verranno a ballare ſu la mia foſſa: come ſi ſuol dire, che la morte del padre ricco e ſcarſo, è l'allegrezza e prodigalità del figlio,	P. Buena, mas yo muerto, los heredéros baylaran ſobre mi hueſſa (foſſa) como ſeulen dezir de ordinario, que la muerte de los padres ricos y eſcaſſos, es la vfanía y prodigalidád del hyo.
I. Qui eſt celuy-qui vient à nous?	In. Chi è quello che viene all'in qua?	I. Quien es aquel que viene házia nos otros?
P. Mon cadet.	P. Mio fratello vltimo nato.	P. Mi hermano minor.
I. Ieſus qu'il eſt chenu.	In. Geſu come è canuto.	I. Valgamedios que de canas tiene.

François.	Italien.	Español.
		tiene.
P. Il vaut mieux que d'eſtre cocu.	P. Meglio che cornuto.	P. Mas vale que cornudo.
I. Certainement mon pere (à qui Dieu faſſe paix) ſouloit dire, qu'il aymoit mieux mourir de cornes de vache, que de femme.	In. Per certo, mio padre (c'habbia pace) ſoléa dire, che anzi bramaue morire di corna di vacca, che di donna.	I. A Oſadas mi padre (que dios tanga in gloria) ſolea dezir, que antes queria murir de cuernos de vaca, que de mugér.
P. Ce ſont bagatelles, car les cornes, & l'excommunication ſe tournent en muſique.	P. Son chiàcchiere, per che le corna, e ſcomunica: ſi conuertiſcono in muſica.	P. Hablillas ſon porque los cuernos, y la excomunion ſe conuierten en muſica.
I. Ie vous en reſpond, & que par tout on eſt bien embaraſſé, comme diſoit celuy qui ferroit les oyes.	In. Glielo ſò dire, che pertutto c'è del d'affare, diſſe quello, che feraua le oche.	I. Le aſſeguto, y que por todo ay que hazer, como dezia a quel, que herraua las ganças.

François.	Italien.	Español.
De monter à cheual : tirer des armes, & danſer. Le Maiſtre, le Gouuerneur & l'Eſcuyer.	*Del caualcare: ſcrimíre, ó ſchermire ballare. Il Padrone, il Maggiordomo, ed il Cauallerizzo.*	*Del ſubir à cauallo : eſgrimir y baylar, el Amo, el aio, y el picador.*
G. Quel Eſcuyer choiſiſſez-vo⁹ pour móter à cheual.	G. *Qual cauallerizzo ſeeglie vsper caualcare.*	G. Que picador eſcoje para ſubir à cauallo.
P. Monſ. N. le quel eſt garny de tres-bons cheuaux, & des meilleurs de Paris.	P. *Il ſig. N. il qual è fornito molto bene di caualli, ed i migliori di Pariggi.*	P. El Señor. N. el qual eſtà guarnecido de buenos cauallos y de los mejores de Paris.
G. Oüy, mais on me dit, qu'il eſt plus negligent que tous les autres, & aprés il ne faut pas cóſiderer la beauté des cheuaux, mais la bonté.	G. *Si, ma mi vien detto, che c'ſia traſcurato piu di tutti gli altri, e poi non s'ha da riguardar la bellezza de' caualli, ma la bontà.*	G. Si, mas me dizen, que es mas deſguidado que todos los otros, y deſpues no es meneſter de parar ſe los cauallos ſon lindos, ma ſi ſon buenos.
P. Ie voudrois	P. Vorrei entrar	P. Queria entrar

François.

entrer dãs vn manege où il y eust de ieunes cheuaux, car les vieux sçauēt mieux les tours que les escoliers mesmes, & ainsi on n'apprend rien.

G Ie serois bien aise que nous allassiõs 'chez Mons.N. mais les cheueux me dressent en la teste, quand ie songe qu'on dit, qu'il est assez malheureux, auant hier mesme i'en vy tomber vn de son cheual, en se cabrant.

P. Qui ne veut estre enfariné n'aille point au moulin.

G. Vous sçauez bien que s'il

Italien.

in vna one fosfero i caualli gióuani, atteso che i vecchi sanno meglio i giri de gli stessi scolari, e cosi s'impara nulla.

G. Goderei molto ch' andassimo dal sig. N. ma m'aggriccio quando penso che si dice che sia assai sciagurata l'altro hieri anche no vidi cascar vno di cauallo, nell'inarborirsi.

P. Chi non vuol infarinarsi, non vada al molino.

G. VS. sà bene che se le occorresse

Español.

en vn picadero, a do fuessen cauallos moços, por los anejos sauen mas los rodeos que los escolares mismos y assi no se deprende nada.

G. Holgara que fuéssemos al Señor, mas los cauellos se me espeluzã: en pensar que se dize, que está harto desdichado, como vi antes de ayer, caer vno de su cauallo, empinándose.

P. Quié no quissiere enfarinarse no vaya al molino.

G. Saueis muy bien que se le

François.	Italien.	*Español.*
vous arriuoit vne defcente de boyau, ou vn bras demis, ou quelque autre accident, ie ferois reputé non feulemét pour vn badaut, mais ie le payerois bien cher.	*vn' àrnia, o la fmoffa d'vn braccio, od altro inconueniente, farei tenuto non folo per vn pincolone, ma altre fi la pagherei molto cara.*	aconteciefle vna quebradura defencaffaffe vn braço o algun otro acidiente no folo ferià tenido por vn necio (tonto) mas caro me coftaria.
P. Cela arriue fouuent, mais on n'impute pas cela au gouuerneur, autrement ce feroit vne betife.	*P. Cio arriua fpeffe fiate, ma quefto non firiputa al gouernatore altrimĕte faria vna fcempiezza.*	P. Efto acontece amenudo, mas no fe echa a cueftas al Aio, por otra manera feria necedad.
G. Dur contre dur ne fait pas bon mur.	*G. Duro con duro, non fà buon muro,*	G. Duro con duro, non haze buen muro.
P. A qui en auez vous, arriue ce qu'il pourra, ie veux monter, & obeyr à mon pere, duquel ie depends, aprés Dieu.	*P. Con chi vela pigliate, ne fegua che vuole, voglio montare, ed vbidìre a mio padre, del quale pendo, doppo dio.*	P. Con quien fe la toma, llegue lo que llegára, quiero fubir, y obedecér à mi padre, del qual dependo dedios abaxo.

Français.	Italien.	Español.
G. Si vous vous rōpez le col, ou faites quelque autre culbute, ce sera pour vous.	G. Se si fiacca il collo, o fà altro capitombolo, farà suo	G. Si se quiebra el cuello, o haga otra bolteada, sera por el.
P. Ne vous mettez pas en peine de cela, le premier motif de mon voyage est, d'apprendre les exercices, le premier desquels, est de monter à cheual.	P. Non si dia affano di questo, il mio motiuo di viaggiare è, d'imparar gli essercitij, il primo de' quali è, il salir à cauallo.	P. No se dé cata dello, el primero mouimiento de mi viaje es, de aprendér los exercicios, el primero de los quales, es de subir à cauallo.
G. Mon plus grād desir est, de vous voir vn iour dans la premiere dignité de la Cour de N. ie crains seulemét quelque malheur.	G. Il mio maggior desio è, di vederla vn giorno il primo de' titolati della corte del N. solo temo qualche infortunio.	G. Mi mayor desseo es, de velle vn dia, vno de los mayores de la corte de T. solo tengo miedo de alguna desdicha.
P. Moy mort, que l'herbe ne croisse pl', dit l'asne.	P. Morto io, non cresca herba dice il sommârio.	P. Yo muerto, no cresca mas hierba, dize el borríco (despues de

Françuois.	Italien.	Espaħol.
		aſno muerto, ceuada al rabo.)
G. Cela eſt bien fâcheux pourtant, de mourir ſur la fin des exercices.	G. Hà del diſpiacéuole però, morendo al capo de gli eſſercitij.	G. Con todo eſſo es muy laſtimoſo de morir al cabo de los exercicios.
C. Monſ. montez ce cheual noir là.	C. VS. ſalga quel caual negro.	P. Suba vm. en quel cauallo negro.
P. Il me ſemble trop hargneux pour moy.	P. Egli mi pare troppo morbido per me,	Am. Me parece demaſyado potroſo.
C. Montez ſeulement, & tenez les genoux fermes ſerrez.	C. Salite ſolo, e tenete le ginocchia ferme e ſtrette.	P. Suba ſolo, y tanga las piernas tieſſas y apretadas.
P. Or ſus i'en ſuis content, me voilà à cheual.	P. Horſu ne ſon contento, eccomi à cauallo.	A. Ara ſu (ea) contento ſoy a qui eſtoy a cauallo.
C. Donnez-luy vn coup de gole, faites-le leuer, careſſés le, trottez, galoppez : holla.	C. Dategli vn colpo di sferza, fatelo innarborire, carezzâtelo, trottate, galopate, holla.	P. De le vn golpe de verdaſca, hagale empinar, le halague, trote, galopee, hola.
P. I'ay vn battemét de cœur	P. Hò vn batticuore che non	Am. Tengo vn latido ſi grãde

François.	Italien.	Español.
que ie ne me sens pas , car ie ne croyois pas de me pouuoir tenir ferme sur cette beste.	*mi sento, perche non credeuo di poter star saldo sopra quest' animale.*	que no me siéto, porque no creya de poderme tenir tiesso en cima desto a- nimal.
. Faites luy faire vne cour-bette,vne pas-sade,capriole, vne volte, de-mie volte, & puis aprés mettez pied à terre. iusques à ce qu'on courre la ba-gue.	*C. Gli faccia fare vna coruetta,vn repolone , vna capriola , vna volta.vna spez-zata, e poi met-ta piè a terra si-no che si corra all' anello.*	P. Hagale hazer vna coruéta, vn repolón, vna cabriola, vna buelta, media buelta, y despues ape esse hasta tan-to que se cora la sortija.
. Si vous me voulez faire vne faueur, Monsieur l'E-scuyer, diffe-rez iusques à demain la course de la bague , car pour le pre-sent ie suis trop las.	*P. Si v s. sigr. ca-ualleritzo mi vuoi far fauore, differisca per domani il cor-rer all' anello che perhora son tropo stanco.*	A. Si vm. me quiere hazer merced Senór picadór dife-re hasta ma-ñàna la carre-ra de la sorti-ja, que por agora estoy muy cansado.
.A voftre com-modité Monf.	*C. A suo agio pa tron mio.*	P. A su comodi-dad Senor.

François.	Italien.	Español.
P. Garçon prens la bride auec toy pour faire accommoder la gourmette, & coudre les reſnes, alonger les eſtriuieres, noircirles eſtriers, & mettre vn autre croupiere.	P. Ragazzo piglia la briglia teco per far accomodare il barbozzale e cuſcir le redini, ſlongar gli ſtaffili, negrir le ſtaffe e metter vn'altra groppiéra.	A. Mochacho toma contigo el freno para hazer acomodar la barbáda, coſer las riendas, alargar las aciones de los eſtriuos, negrecerlos, y poner otra gropéra.
M. Ou voulez-vous aller à cette heure.	M. Doue vuol andar v s. hora?	A. A do quiere yr vm. agora?
P. I'ay enuie d'aller faire des armes, car ie m'imagine que l'eſcrimeur m'attéd auec le floret à la main.	P. Mi vien voglia d'andar à ſcrimire, per che mi perſuado chelo ſcrimidore mi ſtà aſpettando colla ſmarra in mano.	P. Tégo gana de yr a eſgrimir, porche hecho de ver que el maeſtro de eſgrima me eſta eſperando con la eſpada negra en la mano.
M. Combien de fois y allez vous par iour.	M. Qante volte vi và al giorno?	M. Quantas vezes va por dia?
P. Tantoſt vne fois, tantoſt deux, ſelon.	P. Hora vna, hora due, conforme.	A. Ya vna, y dos vezes, ſegun.
M. N'y allez pas	M. Non vi vada	M. No vaya m

François.	Italien.	Español.
plus d'vne fois, afin que vous ne gaigniez quelque maladie.	piu d'vna, accio non acquisti qualche malatia.	vna, para que no cobre vna enfermedad.
. Il faut que ie me fasse faire vn floret neuf car ie rompy hier le mien, & peu s'en a fallu que ie ne perdisse vn œil d'vn' estocade que ie receus.	P. Bisogna farmi fare vna smarra nuoua perche ruppi hieri la mia, ed hebbi a perder vn occhio d'vna stoccata che ricenei.	A. Es menester que me mande hazer vna nueua espada negra, porque he quebrado ayer la mia y faltó poco que no perdiera vn ojo de vna estocada que receby.
M. Ie vous aduoüe, qu'on court mille hazards en faisant tels exercices.	M. Ammetto che si corrono mile rischi nel far tali essercity.	M. Le confiesso, que se corre mil riesgos haziendo semejantes exercicios.
P. Il est vray que en montant à cheual on est en danger de tomber, & en tirant des armes, de perdre vn œil, ou d'en arracher vn autre, en voltigeant de	p. Vero è che nel caualcare si stà in pericolo di cadére, & nello scrimire, di perder, o cacciare qualche occhio, nel voltigiare di far vna fritada.	A. Verdad es que subiédo à cauallo se està en peligro de caer, y esgrimiendo, de perder o arrácar vn ojo, trepádo (volteando) de hazer vna tor-

François.	Italien.	*Eſpañol.*
faire vne au-melette.		tilla.
M . Toute sfois cet exercice eſt plus neceſ-ſaire que les autres pour deffendre & maintenir ſon honneur en toutes occa-ſions.	M. *Tutta via co-teſto eſſercitio è pui neceſſario dc gli a ltri, per deffender e mã-tener il ſuo ho-nore , in ogni occorenza.*	M. No embar-gante eſte ex-ercicio es el mas neceſſa-rio que los o-tros, para def-fendr y empa-rár ſu honrra, en cada tran-ce (lance.)
P. Pour moy, quand i'en-tends parler d'honneur, les cheueux me dreſſent dans ſa teſte , n'y trouuant au-tre fondemét que l'opi-nion.	P. *Per me, quando intendo parlare dell' honore, le ciglia mi s'i-nárcano , non vi trouando al-tro fondamen-to dell' opinio-ne.*	A. Por mi quan-do entiendo hablar de hõr-ra , los ca-uellos me eſpeluzan no hallando otro fondamento que la opi-nion.
M. Il faut ſuiure les autres, puiſque nous ſommes faits comme les autres.	M. *Biſogna ſeguir gli altri, giache ſiam fatti come gli altri.*	M. Es meneſter ſeguir los o-tros, ya que ſomos e-chos como los otros.
P. Quand on a quelque diſ-pute, il n'y a rien plus vtile	P. *Quando alcu-no ha qual che queſtione , non è coſa piu vtile*	A. Quando al-gun tiene ra-yertas, no ay coſa mas pro-

François.	Italien.	Español.
que de sça-uoir tirer des armes.	dello serimire.	ue chosa que sauer esgri-mir.
M. Mais quand on sçait bien manier les ar-mes, on s'af-seure trop dans sa scien-ce, & il arriue souuent qu'vn mal adroit vous tuëra.	M. Quando si scri-me si bene, vno s'assicura troppo nella sua scien-za e spesso au-uiene ch' vn da poco l'ammaz-za.	M. Mas quando se sabe tratar assi biē las ar-mas, vno se as-segura de ma-sy adoen su sa-uer, y aconte-ce amenudo quevn maniá-co le mata.
P. Ie l'ay ouy di-re plusieurs, fois, mais non pas veu: c'est pour-quoy on ne me fera pas accroire que les asnes volēt	P. L'ho vdito pa-rechie volte, ma non gia visto: e però non mi si farà credere che gli assini volàno.	A. No es agora que me desãy-uno, mas nū-ca lo he visto: y por esso no se me dara a entendér que los borricos volan.
M. Croyez-moy seulement, que d'ordi-naire les plus adroits spa-dacins, de-meurent sur la place.	M. Mi creda pu-re, ch' ordina-riamente i piu braui spadacini restano sul suo-lo.	M. Me cree solo, que de ordi-nario el mas diestro que lleua espada, se queda muerto.
P. Premieremét ie me sie en ce qui est escrit	P. Prima io mi fi-do in quel che è scritto su la mia	A. Por el prime-ro me fio en lo que esta es-

Françoise.	Italien.	Eſpañol.
ſur ma lame, ne te fie pas à moy, ſi le cœur te manque, & en ſuite ie crois queDieu chaſtie celuy qui a tort.	lama, non ti fidar in me s'il cuor ti manca, poi credo che dio caſtiga quel c'hà torto.	crito en mi hoja, no te fies en mi ſe te falta el coraçon, y deſpues creo que Dios caſtiga a quel que tiene ſin raçon.
M. Monſieur arreſtez-vous ſeulement ſur l'eſcrime, pour moy, i'ayme mieux la danſe.	M. VS ſtia pur ſu lo ſcrimire, che per me voglio piu tosto ballare.	M. Atengaſe vm. ſolo al eſgrimír, por mi mas quiero el bayle.
P. C'eſt auſſi vn bel exercice en France & en Angleterre, mais hors de ces prouinces, ie ne vous donnerois pas vn zeſt.	P. Quel anche è un bell' eſſercitio in Francia ed in Inghiltera, ma fuora delle ſopracennate prouincie non vi darei vn piſtacchio.	A. Tambien a quel exercicio es lindo in Francia, y en Inglaterra, mas fuera de las dos prouincias no le daria, vn no nada.
M. D'icelle, on apprēd à porter le corps droit, à marcher de bonne grace, & à plaire aux dames.	M. Da quello, s'impara a tener il corpo drito, caminar con buona gratia, e piacer alle donne.	M. De a quel ſe deprende lleuar el cuerpo derecho y caminar con donáyre, y agradar a las damas.

François.

P. Vous faites bien, & si par malheur vous receuiez vn soufflet ? au lieu de courir à l'espée-vous vous mettrez à danser, pour appaiser vostre ennemy.

M. Quoy que ie n'aye iamais appris à tirer des armes, asseurez - vous Môs. qu'il n'y a homme au môde qui aye la hardiesse de me regarder detrauers, que si le Pape mesme m'en donnoit vn, ie luy donnerois vn coup depistolet dãs le ventre, luy faisãt sortir toutes les reliques qui y pourroient estre.

Italien.

P. VS. Fà bene, e se mai per sciagura riceuesse vna ganciata? in uece di cercar la spada, se metterà a ballare, per pacificar il suo nemico.

M. Ancor ch' io non habbia mai imparato a scrimire v s. sià certa che non v' è huomo al mondo c'habbia l hardire di riguardarmi di storto, che se me ne desse vna l'stesso papa, gli darei vna pistoletada nel ventre, facendogli vscir tutte le reliquie che vi fosser.

Español.

A. vm. haze muy bien , y se por desdicha recebiesse vn pescoço? (vna bofetada) en lugar de buscar su espada, empeceria a bailar por apaciguár su enemigo.

M. Dado que nunca aya aprendido jugar de armas asseguresse que no ày hôbre mortál que se atreue de mirarme al soslâyo , aunque el papa mismo me diesse vno, le daria vn pistoletazo en la bariga , haziendole salir todas las reliquias della.

François.	Italien.	Español.
De la Chasse, Teophraste & Gerarde.	*Della Caccia Teofrasto e Gerardo.*	*De la caça Teophrasto y Gerardo.*
T. I'ay presque enuie d'aller auiourd'huy vn peu à la chasse, qu'il fait si beau.	T. *Mi vien quasi voglia d'andar hoggi vn poco alla caccia, che fà si bel tempo.*	T. Tengo quasi gana de yr oy vn pocquito a la caça, ya que haze lindo tiempo,
G. Puisque nous n'auons rien à faire auiourd'huy, il seroit à propos, & pendant qu'il neige.	G. *Hoggi che non habbiam altro da fare sarebbe a proposito. e mentre neui-ga.*	G. Ya que no tenemos que hazer oy, saría muy a pelo y mientras nieua.
T. Car aussi bien on voit facilement les traces de la venaison.	T. *Ad ogni modo le traccia della saluaticcina si vedono di leggieri.*	T. De mas que con facilidad se veen las pisadas de los venados.
G. tous les chasseurs sont de cet aduis.	G. *Tutt' i cacciatori sono di questo parere.*	G. Todos los caçadóres tiené este parecer (estan de este pareçer.)
T. Quelle chasse aymez - vous le plus?	T. *Di che caccia si diletta v s. il piu?*	T. Qual caça quiere mas (que caça bu-

Françoîs.	Italien.	Eſpañol.
		ſca lo mas.)
G. D'abattre les griues des oliuiers, leſquelles ſont tres graſſes en vendanges.	G. D'abbattere gli tordi de gli v̄gliui, i qua' ſono graſſiſſimi alle vendem̄mie.	G. Calár los zorçales de los oliuarez, los quales ſon muy gordos en tiempo de las vendimias.
T. Et moy de faire voler la perdrix, & de courir le cerf.	T. Ed io di volar la pernice, e correre il ceruo.	T. Y io de caçár la perdíz, y dar la laxa al cieruo.
G. Le ſanglier donneroit pl' de plaiſir que tous les autres, s'il n'eſtoit dangereux. .	G. Il cignale daria maggior traſtullo di tutti gli altri, ſe non foſſe ſi pericoloſo.	G. El montes puerco (jauali) daria mayor guſto que todos los otros, ſi no fueſſe peligroſo.
T. Les tours du Renard, les tromperies & ruſes qu'il nous fera voir ſurmonterót tout autre paſſetemps de la chaſſe.	T. I giri della volpe, gl' inganni, e le ſcaltrezze che ne farà vedere ſopravanzeranno ogni maggior ſpaſſo della caccia.	T. Los menéos, o burlas de la rapoça, los engaños, y mañas que nos hara ver, lleuarán ventaja a todos los otros regozijos de la caça.
G. Tout va bien, mais l'abregé	G. Tutto ſtà bene, ma il riſtretto	G. Bien eſtà (va bien) mas el

François.
des plaisirs est de tirer sur vne volée d'alloüettes, quand il gele, ou sur vne compagnie de perdrix.

T. Chacun suit son plaisir, les vns la glu, les autres les filets, qui les chiens, qui le fusil, qui vne chose, qui l'autre.

G. Resoluez-vo° donc, Monsieur, quel party nous deuons prendre.

T. Quels chiens auez-vous, Monsieur?

G. Des limiers, des leuriers, des bracques, des mastins, & d'autres petits chiés pour les lapins.

Italien.
de' piaceri, è, di tirare sopra vn braco di lodole quādo ghiacia, ò sopra vna schiera di pernici.

T. Ciascun il proprio piacer segue ch' il visco, chi le reti, chi i cani, ch' il focile, chi questo, chi quello.

G. V S. donque si risolua che partito dobbiamo pigliare.

T. Che canì hà V S.

G. Limieri, leurieri, braschi, mastini, ed altri canolini per i conigli.

Español.
compédio de los placeres consiste en tirar sobra vna volada de cogujadas, quādo yela o sobre vn tropél de perdizes.

T. Cada tal sigue su gusto, los vnos la liga, otros las redes, otros los perros, otros los sociles, quien vna cosa quié otra

G. Resoluese Señor, lo que deuemos hazer.

T. Que perros tiene V M?

G. Sagueços, gálgos, brácos, mastines, y otros chicos por los gaçapos.

T. Bueno

François.	Italien.	Español.
T. Pour les chiens, tout va bien, voyós à cette heure quels faucons esperuiers vous auez.	T. In quanto a' cani tutto, và bene, hòra vediamo che falconi, sparauieri. V S. hà?	T. Bueno esta por los perros, veamos agóra que halcones y gauilánes tiene.
G. Pour peu que i'en ay ils sont tres bons.	G. Non n'hò molti, ma que' pochi c' hò, sono eccellenti.	G. No tengo muchos, mas los pocos que tengo son escogidos.
T. Ceux que ie vis voler dernierement ne sont pas mauuais, neantmoins i'en ay veu de meilleurs.	T. Quelli ch' io vidi volare i giorni passati nõ sono cattiui, però, n' hò veduti de' migliori.	T. Los que vi volar no ha mucho, no son malos con todo esso he visto mejores.
G. Ie seray rauy, si nous auions de si bons cheuaux de chasse, que nous auons des chiens, & oyseaux de rapine.	G. Trasse colarei, s'hauessimo si buoni caualli di caccia, come habbiamo cani, ed vcelli di rapina.	G. Holgaríame mucho, si tu uiéssemos tan buenos cauallos de caça, como tenemos perros, y aues de rapina.
T. Monsieur vo' ressemblez celuy qui fit le compte sans l'hoste,	T. V S. Rissomiglia quello, che fece conto senza lo'ste.	T. V m. semeja a quel que hizo cuenta sin su huesped.

François.	Italien.	Español.
G. Expliquez-vous mieux, parce que ie ne vous entends pas.	G. La si spieghi meglio, che non l'intendo.	G. Declarese mejor, porque no le entiendo.
T. C'est à dire, que qui compte sans son hoste, il compte deux fois.	T. Cioe, chi fà conto senza l'hoste conta due volte.	T. Es a dezir que quien cuenta sin su huespéd, cuenta dos vezes.
G. Ie vous entends encore moins qu'auparauant.	G. L'intendo meno ch'innanzi.	G. Mènos le entiendo agóra que antes (lo entiendo ny mas, ny menos que antes.)
T. Ie veux dire, que nous auons parlé autant de la chasse, comme si c'estoit à nous de la faire à nostre fantaisie.	T. Voglio dire, c'habbiamo tanto parlato della caccia, come si stessè a noi da farla a nostra posta.	T. Quiero dezir que hauemos hablado tanto de la caça, como si estuuiesse en nuestras manos de hazella.
G. Que nous manque-il ?	G. Che ci manca?	G. Que es lo que nos falta? pues que nos falta?
T. Il nous faut premieremét parler au grãd Veneur, le-	Tr Bisogna prima abbocarsi col capocaccia il quale è padrone,	T. Es menester primero de hablar con el caçadór ma-

François.

quel en est le maistre, & donne permission à qui bon luy semble.

G. Et s'il nous attrapoit sans sa permission, ou du Roy?

T. Il nous osteroit le fusil, & peut estre nous mettroit-il en prison s'il trouuoit la moindre resistance, & nous feroit demeurer tout court comme des foux.

Italien.

è dà licenza a chi li pare e piace.

G. E se n'acchiappasse senza sua licenza, o del Ré?

T. Ci leuarebbe i focili, e forse incarcererebbe, trouando la minima resistenza, e ci farebbe stare come tanti pazzi.

Español.

jor, el qual es el amo, y dá licencia a quien le fuere seruido.

G. Y se nos cojiesse sin su permission, ô del Rey?

T. Nos quiteria el arcabuz y quiça no nos pussiesse en la cárcel, se viesse alguna resistencia, y quedariamos corridos como locos (como monas.)

François.	Italien.	Español.
Discours de quatre personnes, sçauoir.	Discorso di quatro persone, cioe.	*Platica de quatro personas, como.*
François valet.	Francesco seruo.	*Francisco criado.*
Antoine valet.	Antonio seruo.	*Antonio criado.*
Le Tailleur.	Il Sarto.	*El Sastre.*
Le Maistre.	Il Padrone.	*Y el Amo.*

F. Oïa;

A. Qui est là?

F. Voftre Maiftre eft-il leué?

A. Pas encore, & ie ne croy pas qu'il se leue d'vn'heure & demie, car il se coucha hier tard, se plaignant d'vne douleur de tete.

F. C'eft pourquoy mon Maiftre m'a enuoyé icy pour sçauoir comment il se porte, car des

---

F. *Odi casa;(o vero, odi ca.)*

A. *O di là?*

F. *E leuato il voftro Padrone?*

A. *Non ancora, e non credo che sia per leuasi in vn'hora, perche si colcò hieri tardi, lagnandosi (lamentandosi) d'vn dolor di testa.*

F. *Questa è la ragione per la quale il mio Patron m'hà inuiato qua a sapere il suo ben stare, perche*

F. Ola?

A. Quien es alli (ay)

F. Vueftro ámo eftá leuatádo?

A. Nò aún, y no creyo que se leuánte de aqui vna hora y mèdia, porque se acofto a noche tarde, quexándose de dolór de caueça.

F. Y por effo, mi ámo, me a embiado aqui para sauér como se halla, por que desde ayer saliendo

François.

hier en fortãt de chez nous il s'en plai-gnoit.

A. Si vous n'e-ftes pas hafté (preffé) faites vn petit tour dans ce mar-ché là,& dans vne heure vo' le trouuerez de bout.

F. Ie ne me pour-rois arrefter fi long-temps quãd il y iroit de ma vie.

P. Qui entens-ie parler-là?

F. C'eft moy qui parle, auec vn valet de voftre beau frere.

P. Fais-le entrer.

F. Bon iour Mõ-fieur , mon Maiftre m'a enuoyé icy fçauoir com-ment vous vous portez.

Italien.

hier fera nell' vfcire che fece di cafa noftra , gia fe ne la-mentaua.

A. Se non fiee af-frettato, date di volta in quella piazza , e da qui vn' hora lo trouerete in pie-di.

F. Non potrei fer-marmi tanto , quando mi ci andaffe la vita.

P. Chi odo parlar Fracefco?

F. Stò parlando con vn feruitore del fuo cognato.

P. Menalo dentro.

F. Bun dì, e buon giorno a v. s. mio , il mio pa-tron mi manda vedere il fuo bene ftare.

Efpañol.

de neuftra ca-fa fe llantea-ua.

A. Se no tiene prieffa (fe no eftà aquexa-do) haga vn rodeo en a-quella plaça áy , y le halla-rà en vna ho-ra leuantàdo.

F. No me podría parar tanto fe deuieffe per-dèr la vida.

P. Quien oygo hablar ay?

F. Ablãdo eftóy, con vn crya-do de vueftro cuñado.

P. Entre.

F. Muy buenos dias le de dios a vm.mi amo me a emuia-do a qui a ver (fauer) como fe halla (como

Françvois.	Italien.	Eſpañol.
P. Vous le remercierez de ma part,&luy direz que ce ne ſera rien, & que i’ay aſſez bien dormy la nuiĉt paſſée,hormis les ſonges eſpouuantables qui m’ont donné aſſez de peine.	p. Lo ringratiari caldamente del canto mio , con dirgli , che non ſarà altro , e c’hò dormito aſſai bene la notte paſſata, trattone i ſogni ſpauenteuoli, che m’hanno dato molto faſtidio.	le vá de ſalud.] P. Agradeſcedſelo de mi parte (lado) y dezilde que no ſará nada , y que he harto bien dormido la noche paſſada, amen (fuera)los ſueños eſpãtables (eſpantoſos) que me han dado harto trabaxo.
F. Adieu Monſieur, ie m’en vay de ce pas luy faire ſçauoir le tout.	F. Adio donque ſig. me ne vò dritto a ragguagliarlo del tutto.	F. Adios Señor, me voy de hecho, para dezircelo todo.
P. Viens-ça Antoine , ouure cette feneſtre & voy quel temps il fait.	P. Vien qua Antonio (paſſa qua) apri quella fineſtra per vedere che tempo fà (e)	P. Ven á qui Antonio,abre eſſa ventana , y míra que dia haze.
A. Il pleuura, Monſieur à mon aduis, il tonne, il fait des eſclairs horriblemét.	A. Piouerà ſignore al mio parere, tuona lampeggia horribilmente.	A. Llouerà Señor, à mi parecer, truena, haze relampagos eſpantóſamente.

François.	Italien.	Español.
P. Fermez-la de-rechef, & me donnez le pot de chambre pour tomber de l'eau.	P. Chiudila di nuouo, e dammi l'orinale per far acqua (orinare.)	P. Ceradla de nueuo, y traedme el orinàl para mear
A. Ne vous plaift il pas vous leuer Monfieur.	A. Non vi piace leuare fignore?	A. Quiere leuantarfe Señor?
P. Pourquoy, quelle heure eft-il?	P. Perche, che hora è?	P. Porque, que hora es ?
A. Il approche de neuf heures, fi elles ne font paffées.	A. Sopraftanno le noue, fe non fono fonate.	A. Luego daran las nueue (las nueue fe acércan) fe no han dado.
P. Iefus, va voir à l'horologe.	P. Giefu, va vedere all' horiuolo.	P. Iefus, anda ver al orolox.
A. Elles font paffées Monfieur.	A. Sono paffate, (fonate) fignore.	A. Han dado. (dado han) Señor.
P. Eft-il poffible poltron, que tu ne m'as pas efueillé pluftoft.	P. E poffibile poltronaccio che non m'hai defto (fuegliato) innanzi.	P. Hai tal (es poffible) gallofo que no me as efpertado mas temprano,
A. Ie fuis venu deux fois, tantoft vous ronfliez, tan-	A. Son venute vedere due fiate (volte) hora roncheggiaua,	A. Venido he dos vezes, ya roncaua (recongaua) ya

François.	Italien.	Eſpañol.
toſt vous ne ronfliez pas, & par ainſi ie n'oſois vous aborder, ny faire, du bruit.	hora ne, è coſì non hardiua accoſtarmegli, nè romoreggiare.	nò, y aſſi no me atreuia acercar del, y tampoco hazar eſtruendo, (ruydo.]
P. Allumez du feu, & me chauffez vne chemiſe des fines, vne paire de chauſſons, vne autre de caleçons, car ie me veux leuer.	P. Appiccia (accendi) il fuoco eſcaldami vna camiſcia delle ſottili, vn paio di ſcarpini (peduli) vn altro di mutande [ſottocalze] che mi voglio leuare.	P. Enciende la lumbre, y calenteme vua camiſa de los delgadas, vn par de eſcarpines, otro de greguefcos [çaraguelles] que me quiero leuantar.
R. Il n'y en a que deux, & ce qui plus importe, c'eſt qu'elles ſont deſchirées, en les battant ſi fort à la riuiere.	A. Non ce ne ſono piu di due, e quel che piu rilieua ſono ſtraciate, del tanto sbàttere nel lauarle al fiume.	A. No los ay mas que dos, y lo que mas dize es, que ſon todos deſpedaçados, [raſgados] golpeandolos à la riuera.
P. Pourquoy ne les rabillez-vous pas?	P. Che non le taccóni.	P. Como no los remienda?
A. Vous auez raiſon, ſi i'auois du fil, vne aiguille, vn	A. VS. Hà ragione, s'iohaueſſi refe, ago, ditale, ed altre coſe	A. Tiene raçon, ſe tuuiera hilo, aguja, dedál y otras coſas

François.	Italien.	Español.
dé, & autres choſes appartenantes.	appertenenti.	ſas appartenecientes.
P. Tu n'as iamais rien qui faſſe à propos, mais quand il faut aller à table, tous les outils ſont preſts.	P. Non hai mai niente che faccia à propoſito, ma quando occorre andar à tauola, tutti gli ordigni ſono in ordine.	P. Nunca tienes lo que conuiene, mas quãdo acõtece ponérſe à la meſa, todos los inſtrumẽtos eſtan apercebidos.
A. Si ie mange, ie le gaigne, auſſi bien ie n'eſpere autre choſe de vous dans ce monde.	A. Se mangio (magno) lo quadagno, ad ogni modo non ſpero altro da lei al mondo.	A. ſe como, le gano, tambien no eſpero otra coſa del en eſte mundo (orbe)
P. Race de cette herbe dont on fait les peignes, ſi ie prens vn baſton ie te feray bien parler autrement.	P. Razza di quel herba che ſi fanno i pettini, ſe do di piglio ad vn baſtone, ti farò ben ſtar in ceruello.	P. Raça (cepa) de aquella yerba que ſe hazé los péynes, ſe tomo vn palo, te haré hablar por [de] otra manera.
A. Voicy la blanchiſſeuſe, ſans que ie l'aille querir, qui en apporte ſix, toutes ſi-	A. Ecco la lauandaia, ſenza ch'io vada per lei, che ne porta ſei delle belle e nuoue.	A. He aqui la lauandéra, ſin que vaya buſcalla, que trahe ſeix del las flamean-

Françoise.	Italien.	Eſpañol.
nes neuues.		tes.
P. Attachez vn rabat au colet du pourpoint auec des eſpeingles , ou bien fais deux points de chaque coſté.	P. Attacca vn collare al collarino del giuppone, con ſpilletti , o vero fà due ponti per lato [banda , canto.]	P. Ata vna valona, a la valoníca del jubon con alſileres , o haga dos puntos por cada lado.
A. Auſſi feray-ie.	A. Tanto farò.	A. Aſſi harè, [haré el propio] el miſmo.
P. Depeſche-toy, que babille-tu là, que fais-tu ?	P. Spediſcila, che ſtai cianciando, che vai facendo ?	P. Acaba que eſtás charlando, que hazes?
A. Ie me tiens ſur les deux pieds comme les oyes.	A. Mi ſtò ſu due piedi come le ocche.	A. Aqui eſtoy ſobre dos piernas como las ganças.
P. Tu feras tant que tu me tireras vn ſoufflet des mains, & vn pied au cul.	P. Farai tanto che mi cauerai vna guanciata [moſtaccione] dalle mani con vn calcio.	P. Haras tanto que ſacqueras de mimano vna bofetada y vnas coçes en el rabo.
A. Quel changement d'habit voulez-vous mettre auiourd'huy ?	A. Che muda di veſtiti volete metterui hoggi?	A. Que trueco de veſtidos quiere lleuar oy ?
P. Que ſont deuenus mes linges, i'en	P. Che ſono diuenuti i miei pani lini, ch' io n'	P. Que es de mis veſtidos : [en que an parádo

François.	Italien.	*Eſpañol.*
auois tant?	*hauea tanti?*	mis veſtidos?
.Vne partie v-ſez , l'autre frippez , la troiſiéme per-duë par la la-uandiere.	*A. Vna parte vſa-ti,l'altra fruſta, la terza perſa per la lauan-daia.*	A.Vna parte ray-dos [vſados] otra regalea-dos, la tercéra perdída por la lauandera.
.Ie croy que tu n'auras pas manqué d'en ietter cinq & tirer ſix.	*P. Stimo che tu non haurai mancato da git-tar cinque , e tirar ſei.*	P. Creyo no au-ras faltado,de echar cinco y ſacár ſeis.
. Monſieur, c'eſt à vous à parler , & à moy à me tai-re , neant-moins qui que ce ſoit ne m'oſeroit par-ler de la ſor-te.	*A. Padrone , a lei tocca parlare, ed a me tacere, però qual ſi vo-glia altro non m'ardirebbe parlar] fauel-lar] in queſto modo [in que-ſta guiſa.]*	A. A el apparte-necè , hablar, y a mi callar-me , no em-bargo qual-quiera no ſe atreuiera ha-blarme aſſi.
. Apporte icy vne paire de manchettes de toile bapti-ſte , vn mou-choir de la meſme, & vne paire de bas de toile.	*P. Porta qua vn paio di mannic-chini [manic-chetti] di renſa, vn fazzoletto de l'iſteſſa, vn paio di calzette di tela.*	P. Traed a ca vn par de puños de cambray vn pañiçuelo de la miſma, y vn par de me-dias de lien-ço.
.Ie vous dis de-rechef , que	*A. Le torno dire che tutta la ſua*	A. Le digo de nueuo que to-

François.	Italien.	Español.
tous vos lin- ges sont pref- que pouris, & qu'il faut aller chez vne lin- gere pour en auoir d'au- tres.	biencheria è quafi marcia, e che bifogna andare ad vna telaiola per hauerne d'al- tra.	dos fus lien- ços eftàn cafi podridos[po- drecidos] y que es me- nefter de yr a vna lencera, por comprar otros.
P. Donnez-moy vne chemifet- te de fuftaine pour mettre entre deux chemifes, car il fait vn peu frais auiour- d'huy.	P. Dămi vna ca- mifciola di fu- ftagno, per met- tere trą due ca- mifcie , perche hoggi fà alquă- to frefca.	P. Dame vna al- milla de fu- ftán para po- ner entre dos camifas, por- que haze vn poco fryo oy.
A. Il n'y a point de doute mon Maiftre , que dorefnauant les matinées & les foirées feront fraif- ches.	A: Senz'altro pa- drone che di qui innanzi [in poi] la fera e la mattina fara frefco.	A. No ay duda mi amo, que de a qui ade- lante [en el venidero] la mañana, y as tardes harâ fryo.
P. C'eft pour- quoy aye foin d'aller pour vn crocheteur qu'il apporte quelque char- ge de cottres, de fagots &	P. E per quefto habbi cura d'ă- dar per vn fac- chino, che porti alcune fomme [caricche] di faftelli fafcine, ed vnà carrata	P. Y por effo ten- cuydado de yr pour vn ga- napăque tray- ga vna foma [cargazón]de haces de leña, de faxinas , y

François.	*Italien.*	*Español.*
vne voye de busches.	*o due di legna grosse [o fuste]*	vna carretada de leña de balsas.
A. Nous ferons bien de faire prouision de tout, car les hostes sont accoustumez à les chastrer, comme i'ay entendu des estrangers.	*A. Faremo bene di prouederci d'ogni cosa, perche gli osti sono vsi [auuezzi, soliti, accostumati] a castrarli, come ho inteso da' forestieri.*	A. Muy bien haremos de hazer despensa, par que los huespedes acostúbrados están, a castrallos [caparlos] como entendido he delos estrangeros.
P. Il faut ouurit les yeux parfois auec eux, &quand mesme ils ne le feroient pas, il faut estre ménagers dãs ce pays icy, autrement on passe pour niais.	*P. Bisogna aprir l'occhio talhora con esso loro, e quando anche non lo facessero, bisogna essere massari [ecconomi] in questi paesi, altrimanti si passa per ballocco.*	P. Es menester de darse cata dellos a vezes, y aunque no lo hiziessen, es menester grangear, en estas tierras por otra manera los tales se tienen por tontos.
A. Ie suis bien aise, que vous commencez vne fois à songer á vos affaires.	*A. Ne godo che commincia vna volta pensar a fatti suoi.*	A. Huelgome que pésais vna vez a vuestra hazienda[que mirais por vos.]
P. Ie te com-	*P. Ti diedi ordine*	P. Auia enuiado

Françoís.	Italien.	Eſpañol.
māday auant-hier, que tu allas querir le tailleur , l'as-tu fait ?	nõ hieri l'altro, ch' andaſſi per il ſarto , l'hai fatto ?	antes de ayer, de yr por el ſaſtre lo as he-cho ?
A. Ouy Monſieur, il eſtoit iuſtement ſur le point de diſner , mais il me reſpondit qu'il ne vouloit venir deuant vous, à cauſe de l'habit qui vous a gaſté.	A. Sigr. ſi , e per l'apunto ſtaua per deſinare (pranſare) ma mi riſpoſe che nõ volea venirle innanzi per conto dell' habito guaſtatoli.	A. Si Señor eſtaua en tris de comer (ayan-tar) mas me reſpondió queno queria parecer antes del, por el ve-ſtido perdído.
P. Qu'il viene ſeulement, poururu qu'il ne me faſſe plus piece, celle-cy paſſera pour cette fois.	P. Venga venga pure , purche non me l'accochi piu , queſta paſſera per a-deſſo.	P. Venga ſola-mente , como no me haga otra paſſará eſta vez.
A. Monſieur, le tailleur heurte à la porte, il eſt plus bleſme que la mort.	A. Sigr. il ſartore picchia all'uſcio (alla porta) piu tramortito d'vn morto.	S. Señor , el ſa-ſtre llama à la puerta (da a-dauadas] mas palido que vn defuncto.
P. Fais-le entrer librement , ie	P. Fallo pur en-trare alla libera	P. Hazle entrar deſembuelta-

François.	Italien.	Español.
luy pardonne tout.	che gli rimetto il tutto.	mente , porque le pardono el todo.
A. Mon Maiſtre dit que vous entriez viſtement, car tout auſſi toſt qu'il vous aura parlé il ſortira du logis.	A. Il mio padron dice ch'entriate ſubito , perche abboccato che ſarà con eſſo voi vuol vſcir di caſa,	A. Mi Amo dize que entre luego , porque aſſi como le haurá hablado, ſalirá.
Sar. Monſieur ce n'eſt pas moy qui vous ay gaſté voſtre habit, mais ce coquin de mõ apprentif, lequel s'eſt emancipé d'y mettre les ciſeaux , c'eſt pourquoy ie l'ay mis dehors.	Sar. Sig. non ſon gia io quello c'hà ruinato il ſuo habito [veſtito veſtimento] ma quel furbo del ſuo fattorino, il qual s'hà ingerito di metterui le forbici , imperoche l'hò ſcacciato fuor di caſa.	S. Nò ſoy yo que le ha perdido ſu veſtido , mas eſte picaro de mi aprédiz, el qual ſe a deſpoſſeado de poner la tixeras , y por eſſo le he echado fuera.
.. Que voulez-vous gager auec moy, que vous auez chaſſé vn méchant pour en prendre vn pire.	A. Che vuol giocare [ſcommettere] meco, c'hà ſcacciato vn cattiuo per pigliarne vn peggiore.	A. Que quiere apoſtar comigo, que ha echado fuera vn ruyn para tomar vn peor.

Français.	Italien.	Español.
P. Tais-toy, & ne fois fi hardi deuant moy, ou pour mieux dire effronté.	P. Taci la, e non effere si baldanzofo [hardito] innanzi di me o per dir meglio sfacciato.	P. Calla, y nõ fer tan atreuido antes de mi, o por mejor dezir defcarado.
Sar. Demeurez en paix, à Dieu ie m'en vay, car ie n'ay pas le temps de m'a-mufer icy dauantage,	Sar. Stia in pace, a dio me ne vò, perche non hò tempo da badar qui piu.	Sar. Efté en paz, a dios, me voy, porque no tégo tiem-po para dete-nerme a qui mas.
P. Ie vous attens demain à 8. heures auec mon manteau d'efcarlate, de drap gris, ou celuy de mi-nime pour la pluye.	P. Domani alle 8. la ftò afpettan-do col mio fe-raiuolo difcar-lato, di panno vgnolo, o quel baretino per la pioggia.	P. Le aguardo [efpero] por la mañana a las hocho con mi capa de grana, de pa-ño pardo o el leonado, por la llubia.
A. Ie ne vous confeille pas de prendre les deux pre-miers, car ils font tousdeux legers, & le troifiéme trop pefant, outre qu'ils font à la	A. Non vi confi-gliarei pigliar i primi due, perche amen due [ambidue) fono troppo leg-geri, ed il terzo troppo greue, oltre che la fog-gia è vecchia.	A. No acconfe jaria vm. de tomar los dos primeros, porque los dos fon lige-ros, y el terce-rode mafyado pefado [tof-co]alléde que fon

François.	Italien.	Español.
vieille mode.		son al aneja (no eſtán al vſo.)
P. Que faut-il faire donc ?	P. Che c'è da fare donque ?	P. Que ſe ha de hazer ? (que es meneſter de hazer ?]
A. Il faut aller à la fripperie & en choiſir vn à voſtre fantaiſie, car auſſi bien les tailleurs tromperoient leur pere.	A. Andar alla rigatteria e ſceglierne vno à ſua poſta, ad ogni modo i ſarti inganneriano loro padre.	A. Yrſe ha a la ropauejería, y eſcojer vno a ſu voluntad, porque tambien los ſaſtres engañerian ſus padres
Sar. Ie voy bien à cette heure qu'Antoine eſt trop eſueillé pour moy.	Sar. Hora ſi che vedo (veggio) ch' Antonio è troppo galuto per me.	Sar. Agora veo que Antonio es demaſyado de ſuelado por mi.
P. Laiſſez le dire, car ce flatteur ne me fera guere de crotte plus dans ma maiſon.	P. Laſciatelo dire che non mi farà molto fango piu in caſa ſto luſingatore (adulatore.)	P. Dexele dezir, porque eſte liſonjero no me hará mucho cenégo en mi caſa mas.
Sar. Ie me ſuis veritablement apperçeu, qu'il a vne tres-meſchante lãgue, & ie n'ay	Sar. Veracemente mi ſono accorto c' hà vna lingua che taglia e brugia, nè ho mai viſto	Sar. Claro eſtá que he hechado de ver, que tiene vna muy ruyn lingua, ny he viſto ja-

François.	Italien.	Eſpañol.
iamais veu ſon pareil.	vn ſuo pari.	mas ſu yqual.
P. Il s'amendera quand la riuiere retournera à ſa ſource, en ſuitte dites luy vn ſeul mot, il fait vne mouë, & vn grouin, qu'il fait mal au cœur, quãd on le regarde.	P. Egli s'emenderà quando il ſiume ritornerà in ſu, e poi ditegli vna ſola parola, fà vna ſmorfia, ed vn grugno che fa ſtomacho a mirarlo (guardarlo.)	P. El ſe en mendará quando el ryo boluerà arriba, deſpues dezilde vna ſola palabra, haze vn viſage, y hozico, que haze haſco, mirandole.
S. Quel pourpoint vous feray-ie, de taffetas, de Damas, de gros grain, de peluche, ou de velours.	S. Che guippone le farò ? di raſô, d'ormeſino, di damaſco, groſſo grano, felpa, o veluto.	S. Que jubon os haré, de tafetan, de damaſco, de gorgaran, de felpa, o de tercio pelo.
P. Comme vous trouerez plus à propos, ce m'eſt tout vn, pourueu qu'il me ſoit bienſeant, & que ie ne reſſemble à vn gueux, ie ne	P. Come lei trouerà piu à propoſito, e' m'è tutt' vno, purche mi ſia auuenente, e ch'io non raſſomigli vno acatatozzi, non me ne curo.	P. Como hallará mas a propoſito, a me es el propio como me ſea decente, y que no ſea como vn perdioſéro no ſe me

François.	Italien.	*Español.*
m'en soucie pas.		da nada.
.Pour les manches , il les faut doubler de taffetas de Naple mou cheté , ou de toile d'or d'Angleterre , iaune , verd, rouge , blanc, gris , cramoi- fy, gris de lin, ou autre fem- blable.	S. *Per le maniche bifigna fodrar- le d'orm fino di Napoli ta- gliuzzato , o di broccatello d'Inghilterra , giallo , verde, roffo, bianco,bi- gio , cremefino, fior di lino , od altro fimile.*	S. Por las man- gas aforrar fe an de tafe- tan, de Napo- les acuchilla- do, o de bro- cado de In- glaterra,ama- rillo verde , roxo, blanco, pardo,carme- fi, flor de lino, o otro feme- jante.
.Pendant que carefmepre- nant s'appro- che,Monfieur le tailleur,vo⁹ faites bien de le rendre tout bigaré , il fe- ra au moins rire le monde dans ces iours de carnaual.	A.*Mentre il car- neuale s'acco- fta, figr. farto, v s. fà bene di- renderlo tutto vergato , farà almeno ridere la gente,in que- fti tempi carne- ualefchi.*	A. Mientras car- nes tolliendas fe acercan Se- ñor faftre, ha- zeis bien de rendello todo entreuerado , alomenos da- rá que reir à la gente en efto carnaual.
.A cette heure aux rubans, quelle cou- leur pren- drons-nous ?	P. *Hor alle fettuc- cie (naftri) che colore pigliare- mo?*	P. Agora (arra fu)a las cintas o liftones,que color tomare- mos?

François.	Italien.	Español.
S. De cinq couleurs, les plus communes, sçauoir, bleu, fleur de pesché, verd gay, verd gris, verd brun.	S. Di cinque colori piu communi cioe turchino, persichino, verde chiaro, verde rame, scuro.	S. De cinco colores, los mas comunes, es a dezir, turquesado, flor de durazno, verde claro, cardenillo, verdescuro.
P. Quelle couleur pour les iartieres, pour les roses des souliers, pour les moustaches, pour les manchettes, pour le chappeau.	P. Diche colore le cintoline (ligacie) le rose delle scarpe, peri berrini, per i manichetti, e per il capello?	P. Que color por las ligas (cenojíles) por los trençados de çapatos, por el mostácho por los puños, por el sombrero.
S Premierement pour la moustache, il faut du noir sans doute : pour le chappeau, couleur de cheueux & cendré ; ou bien bleu mourant : y adioustant couleur de citron : pour les iartieres iau-	S. Prima, il berrino, vuol nero senz' altro, il capello canellino e cenericio, o turchino slauato, agiontoui citrono. le cintoline gialliccio, beretino, e lionato. I manichetti oliuastro, le scarpe, pauonazzo.	S. Por el primero, el mostácho necésita negro sin falta, por el sombréro color cabellado o ceniziento (cenizado) o azúl palido, añadiendo color de citron : [limonado) por la ligas algo a

François.	Italien.	Español.
naſtres , gris brun, & mini-me , pour les manchettes, couleur d'oli-ues , pour les ſouliers , du violet.		marillo, gris ou pardo, por los puñosmo-reno , por los çapatos, vio-lado.
A. Le iour que vous ſerez ain-ſi habillé , mon Mai-ſtre , prenez ſeulement vn autre qui vous ſuiue,car pour moy ie de-meureray au logis.	A. Patron,il gior-no che v s. ſa-rà veſtita ſi fat-tamente , pigli pure vn altro che le vada die-tro,ch'io ſtarò a caſa.	A. El dia que ſa-rá veſtido aſſi mi amo,tome otro que le ſigue , que yo por mi me que daré en caſa.
P. Voicy la deu-xieſme fois que ie t'ay dit que tu te taiſes, tu n'en feras rien iuſ-ques à ce que ie t'auray rom-pu la teſte, le col,& les iam-bes.	P. Ecco la ſeconda volta che t'hò detto che taceſ-ſi, non ne farai nulla , inſino che t'haurò rot-to la teſta , fiac-cato il collo,ſca-uezzato le gambe.	P. He aqui,la ſe-condavez que te he dich), que callaſſes haras nada haſta que te hauré quebra-do la cabeça, el cuello , y las piernas.
A. A Dieu ne plaiſe qu'il m'arriue ia-	A. A Dio non piacia , che m'occorra mai	A. Dios no per-mita (nunca tal)que iamas

François.	Italien.	*Español.*
mais vn tel malheur , autrement le tailleur en auroit autant de moy , ie vous le iure par les os de mon pere.	*tal sciagura, altrimente il sarto , n'hauris altre tanto da me, le giuro per le ossa di mio padre.*	me acontesca tal desdicha, por otra manera el sastre, tuuiera otro tanto de mi , le iuro por los vuessos de mi padre.
P. N'oubliez, pas de m'apporter vn castor noir , vn feustre auec le bord large, auec sa coiffe, vn cordon d'argent , vn bouquet de plumes , vn vigogne pour aller aux champs.	P. *Non scorate da portarmi vn castòre nero, vn feltro colla tesa (margine) larga, e colla sua fodra, vn cordon d'argento, vn festoncello , (mazzetto) di piume, (o pennacchio, pĕnacchiera] vn vigogna per andar in villa.*	F. No olbide traerme vn castor negro (prieto) vn fieltro, con la falda larga con su aforro, vn cordòn de plata, vn plumage , vn vigoña, para yr en Campaña (vega.)
S. Tout sera fait selon voftre fantaisie, voulez-vous dauantage.	S. *Tutto sarà fatto a senno suo, vuol altro.*	S. Todo sarà hecho a suo desseo (a su remate) quiere mas.
P. l'auois oublié de vous dire, que ie ne veux pas les manches larges,	P. *M'era smenticato, (scordato, dismenticato) di dirui che non voglio le mani-*	P. Se me auia olbidado de dezille , que no quiero las magas anchas

François.	Italien.	Español.
mais bien les pochettes profondes, pour y mettre mes piſtolets de poche, pour ſortir le ſoir : le manteau doublé de reueſche, la chemiſette de futaine, les boutons , & les 'gances d'argent , les paſſemés d'or, le bourſon profond , à cauſe des filoux.	che larghe , ma ben le ſaccocie cupe , per porui le mie piſtoluccie (tarzette) per vſcir la ſera: il mantello fodrato di baietta la camiſciola di fuſtagno , i bottoni, ed i capietti d'argento, i paſſamani doro , il borſoto cupo, per conto de' farinelli.	mas las faldrigueras hõdoſas para poner mis piſtoletes , por ſalir las tardes . la capa aforrada de friſa el almilla de fuſtan , los botones, y los ribetillos de plata, los paſſamanos (las veras) de oro, la bolſilla caudoloſa(hõdoſa) por los arrabatacapas.
S. I'ay tout entendu , mais ie n'entends point parler de bas.	S. Ho inteſo il tutto, però non odò parlar di calzette.	S. Entendido he el todo, mas no oygo hablar de medias.
P. Vous auez raiſon, achettez-m'en demie douzaine de ſoye de la couleur que vous iugerez à propos, vn	P. Hauete ragione , comprateme mezza dozzena di ſeta del colore che giudicarete, vn altra fatta a gucchia , tre	P. Teneis razon compradme media dozena de ſeda de la color que juzgareis a propoſito, otra de punto,

François.	Italien.	Español.
ançois.	Italien.	Español.
bien les	che larghe, ma	mas las fal-
ettes	ben le saccocie	drigueras hó-
ondes,	cupe, per porui	dosas para
y mettre	le mie pistoluc-	poner mis pi-
pistolets	cie (tarzette)	stoletes, por
poche,	per vscir la se-	salir las tar-
sortir le	ra: il mantello	des: la capa
le man-	fodrato di ba-	aforrada de
doublé	ietta la cami-	frisa el almil-
euesche,	sciola di fusta-	la de fustan,
emisette	gno, i bottoni,	los botones,
taine, les	ed i capietti	y los ribetil-
ons, &	d'argento, i pas-	los de plata,
gances	samani doro, il	los passama-
ent, les	borsoto cupo, per	nos (las ve-
més d'or,	conto de' fari-	tas) de oro, la
bourson	nelli.	bolsilla cau-
ond, à		dolosa (hódo-
: des si-		sa) por los ar-
.		rabatacapas.

tout en | S. Ho inteso il tut- | S. Entendido he
u, mais | to, però non odò | el todo, mas
l'entends | parlar di cal- | no oygo ha-
t parler | zette. | blar de me-
as. | | dias.

us auez | P. Hauete ragio- | P. Teneis razon
n, achet- | ne, comprate- | compradme
m'en de- | mene mezza | media doze-
douzaine | dozzena di seta | na de seda de
oye de la | del colore che | la color que
eur que | giudicarete, vn | juzgareis a
: iugerez | altra fatta a | proposito, o-
opos, vn | gucchia, tre | tra de punto,

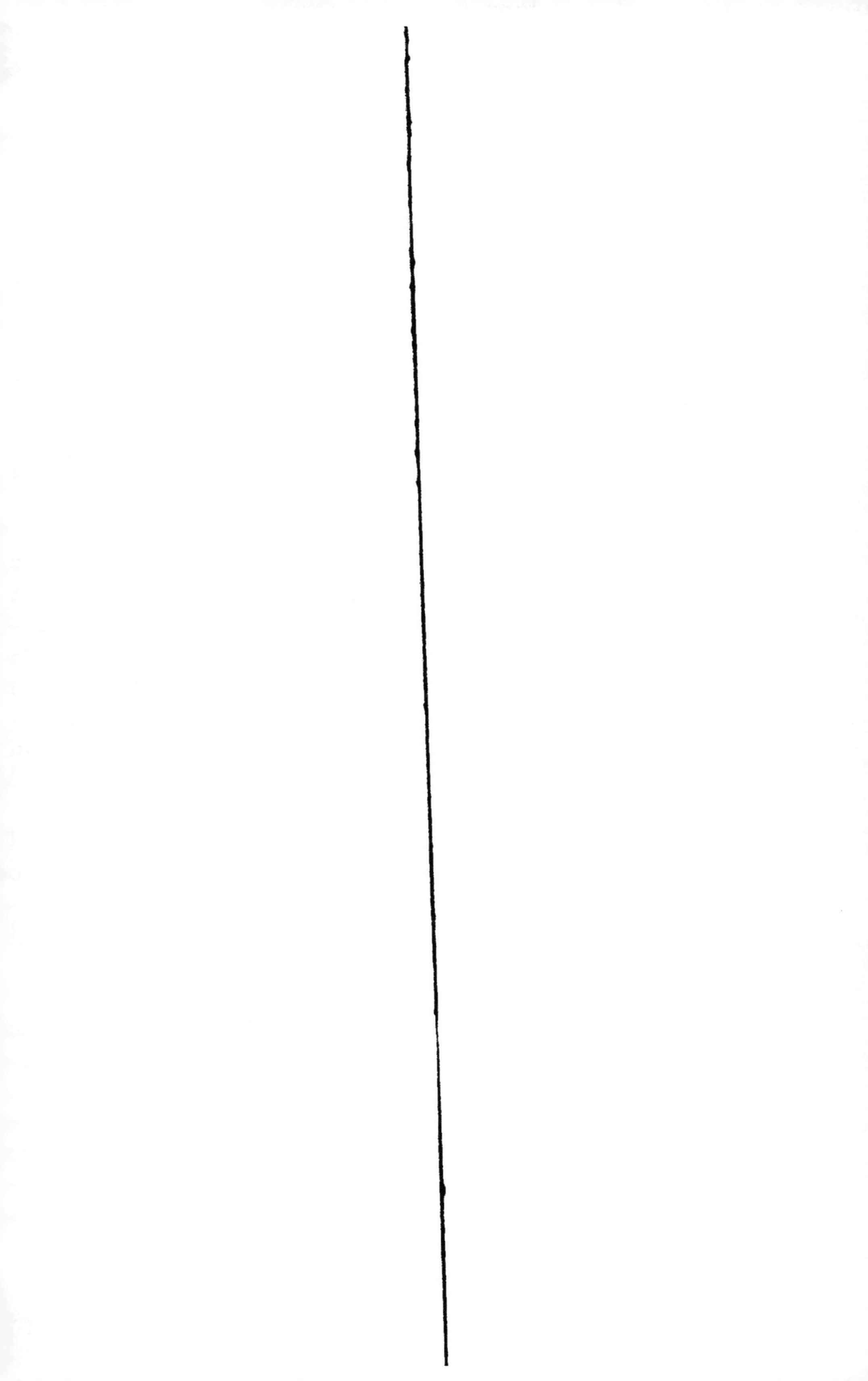

François.	Italien.	Eſpañol.
lict, qu'il vo-miſſoit com-me vn porc ſiyure , qu'vn œil ne voyoit l'autre ſans luy pouuoir tirer vn mot de la bou-che.	che ſtaua recen-do come vn por-co ; tanto ebro, [imbriaco, v-briaco] ch' vn occhio non vede l'altro , ſenza potergli trar [cauar]vna pa-rola di bocca.	cama trocãdo (boſsãdo] co-mo vn puerco borracho de manéra quevn ojo no veia o-tro , ſin poder ſacarle vna palabra de la boca.
P. Ie veux faire piece à ce co-quin , quoy que ie ſçache qu'il ne s'en ſoucie point, neantmoins ĩen veux prĕ-dre vn autre, & ce ſera no-ſtre voiſin le-quel ſera bien aiſe.	P. Gliela accoche-rò a queſto bric-cone , quantun-que io ſappia che nulla li cal-le,tuttauolta ne voglio pigliar vn altro , e ſerà il noſtro vicino, il qual ne gode-rà.	P.Quiero hazèr vna burla a eſte vergante [picaro]aun-que yo ſepa que no ſe le da nada, no em-bargo [con todo eſſo] quiero tomar otro, y a quel ſara nueſtro cercano [ve-zino] el qual holguerá ſe mucho.
A. Vous plaiſt-il que ie le faſſe venir?	A. Piace a v s. fig. ch'io lo faccia venire ?	A. Sirueſe que le haga ve-nir ?
P. Ouy, & luy dis qu'il me faſſe vne pai-re de bottes	P. Digli che mi faccia vn paio di ſtiuali di vaſchetta , vn	P. Si, y di le que me haga vn par de bo-tas de vaque-

François.

de vasche, vn' autre de bottines auec la genoüillere large, les rosettes carées, la tige longue.

A. Ie feray tout ce que vous commandez, Monsieur, car ie sçay bien que vous vous en repentirez, veu qu'il y a bien à dire de la couppe de l'vn à l'autre.

P. Si ie te mets les mains au colet, ie te frotteray tant que ie te feray crier à l'ayde.

A. En changeant de Maistre ces iours passez, ie croyois emmeillorer, mais ie suis

Italien.

di borzacchini [coturni] colla genocchiera larga, la tomaia mozza, il gambo longo.

A. Farò quanto commanda, ma sò che vs. se ne pentirà, atteso che c' è gran differenza del taglio de l'vno a l'altro.

P. Se ti metto le mani adosso, te ne darò tante, che ti farò gridar accorhuomo.

A. Nel cambiar di padrone ch' io feci i giorni passati mi pensaua migliorare, ma ho dato

Español.

ta, otra de borzéquies con la inojera ancha, las cabeçadas quadras, la gamba ancha.

A. Haré todo lo que me manda Señor, pero sè bien que se arrepentirá, porque mucho và del cortar d vno a otro.

P. Si te pongo las manos acueftas, te aporrea, re táto que, te haré dar vozez de ayuda.

A. Trocando de amo los dias passados creja mejorar, mas he dado del trueno en re-

François.	*Italin.*	*Español.*
tombé du gril sur les brai- ses, il est vray que le pre- mier me don- noit peu à manger , & moins à boi- re , [hormis de l'eau] mais au moins il ne me mal trait- toit pas, com- me cettuy - cy.	*dalla graticola alle braggie, è vero ch' il pri- mo mi daua po- co da magnare (mangiare) manco da bere, saluo l'acqua, ma almeno non mi strapazzaua come questo.*	lāpagos, ver- dad es que el primero me da ua poco a comer, y me- nos a beuer, fuera que el agua , mas a lo menos no me mal tra- taua , como este.
P. Que murmu- res-tu Antoi- ne ?	*P. Che bróntoli Antonio ?*	P. Que estas zur- riando [Mur- murădo] An- tonio ?
A. Ie dis, Mon- sieur, que vo⁹ depensez plus en habits, que ces Maistres ne vaillent.	*A. Dico che vs. spende piu in habiti che questi mastri [maestri] non vagliono.*	A. Digo Señor, que mas gasta en vesti dos, que no valen estos mae- stros.
P. Que t'impor- te-il , prend garde à tes af- faires , & lais- se aller celles d'autruy.	*P. Che importacio, fa mente à fatti tuoi , e lascia gire gli al- trui.*	p. Que se te dá a ti mira por tus negocios, y dexa yr los agenos.
A. Ie suis con- traint de faire	*A. Son costretto di far di necessità*	A. Costreñido (apremiado]

Françpis.

de neceſſité vertu.

P. I'ay bien veu des valets, & meſme nourris, mais iamais le plus mal ciuiliſé.

A. La ſeruitude a eſté touſiours rude, mais tres-dure, de ſeruir vn vieux penard, comme ce gros fol de mon Maiſtre, qui tuëroit vn poüil pour vendre la peau.

p. Il y a long-temps que i'ay enuie de te donner congé, & à cette fois icy ie veux mettre fin, aprés auoir reçeu le compte, de tout ce que ie

Italien.

vertù.

P. Hò ben viſto [veduto) ſeruitori e nutriti anche ma giamai il piu mal creato di te.

A. La ſeruitù è ſtata ſempre dura, mi duriſſima, ſeruir vn vecchio grimo, [grincio (còme queſto pazzarone del mio patron, ch'ammazzaria vn pedocchio per vender la pelle.

P. Vn pezzo fà c' hò voglia di darti commiato, ed hora la voglio sbrigare, riceuuto ch'haurò il conto di quel tanto, che t'hò dato nelle mani, perche non voglie

Eſpañol.

eſtoy de ſacar fuerças de flaqueça.

P. Criados he viſto, y criados tambien, mas nunca tan mal criado.

La ſeruitud a ſido ſiempre aſpera mas aſperiſſima, ſeruir vn viejo reñidor, como es eſte loco de mi amo, que materia vn piojo para vender el pellejo.

p. Rato ha, que tengo gana de deſpedirte, y agora quiero acabar deſpues de auer recebido la cuenta, de todo lo dado (que te he entregado] por

François.	Italien.	Español.

t'ay dōné en-
tre les mains,
car ie ne veux
point de valet
déniaiſé com-
me toy.

A. Ie vous ay
rendu compte
de tout, hor-
mis ce qui
s'enſuit , vn
iuſte au corps,
vn chappeau,
vne paire de
bas de cha-
mois , trois
coiffes de nuit
vne caſſaque
longue auec
des manches,
& voicy le
rout.

P. Que Dieu te
donne . vne
mauuaiſe an-
née & meſ-
chāte paſque,
où eſt-il le re-
ſte ? que tu
puiſſes eſtre
tué d'vne lan-
ce depuis,
puiſque tu me

ſeruitori ſcoz
zonati come tu
ſei.

A. *Gli hò reſo*
conto del tutto,
trattone il ſe-
guente, vn ſaio,
vn capello bi-
ſonto , vn paio
di ſottocalze
[ſottocalcioni]
di camocia , tre
cuffie (ſcuffie)
vna palandra-
na ed ecco qui
il tutto.

P. *Ch'il mal anno e*
la mala paſqua
che Dio ti dia,
don' è il reſto ?
che tu poſſa eſſe-
re ammazzato
d'vna lancia
di pozzo , gia
che tu mi dai
piu affannoche
ſolieuo.

---

que no quiero
criado deſb ſ-
ſtado como tu
eres.

A. Le he rendi-
do cuenta de
todo, fuera de
lo que ſigue,
vn paletoque,
vn ſombrero,
vn par de me-
dias de camu-
ça,tres coſias
de noche, vn
gualádran lar-
go con ſus
mangas,y veis
a qui el todo.

P. El mal año , y
mal ſant juan
te de Dios , a
do ſe queda
lo de màs ?
que puedas ſer
muerto de v-
na lança de
pozo, ya que
mas me traba-
ias que ali-

François.	Italien.	Español.
donne plus de peine que de soulagement.		uias.
A. Quand ie suis entré à son seruice, i'estois bien habillé, & il faisoit chaud, à cette heure en sortant ie suis tout deschiré, qu'à peine ay-ie des semelles sous mes souliers, tellement que ie ne sçay ce que ie deuiendray; fiez vous aux Maistres.	A. Io era ben vestito nell' entrar al suo seruitio, e facèa caldo, hora nell' vscire di quello sono tutto stracciato, ed adesso a pena hò suo le (bullette) sotto le mie scarpe, si che non sò quel che sara del fatto mio, vatti fida di patroni.	A. Quando he entrado a su seruicio, estaua bien ropado, y hazia calòr, aora saliendo soy todo rasgado (desharrapado) que a penas tengo suelas debaxo de los çapatos, assi que no sè lo que serà de mi, fiaos a los amos.

FIN.